[13] Und sucht ihr mich, so werdet ihr <mich> finden, ja, fragt ihr mit eurem ganzen Herzen nach mir, [14ᵃ] so werde ich mich von euch finden lassen, spricht der HERR.

(Jer 29,13-14ᵃ)

Martin M. Ulrich

Auf dem Weg

zum

Herzen Gottes ...

Das SEIN in
Gottes Gegenwart

Lebe mit SEINER Gegenwart in dir

Bibliografische Information der Deutschen Nationalbibliothek:
Die Deutsche Nationalbibliothek verzeichnet diese Publikation
in der Deutschen Nationalbibliografie; detaillierte bibliografische Daten sind im Internet über http://dnb.dnb.de abrufbar.

Soweit nicht anders angegeben, sind die Bibelzitate folgender
Ausgabe entnommen:
Revidierte Elberfelder Bibel (Rev. 26) © 1985/1991/2008 SCM
R. Brockhaus im SCM-Verlag GmbH & Co. KG, Witten.
Weiter wurden verwendet:
Die Bibel nach Martin Luthers Übersetzung, revidiert 2017, ©
2016 Deutsche Bibelgesellschaft, Stuttgart.
Neues Leben. Die Bibel © der deutschen Ausgabe
2002/2006/2017 SCM R. Brockhaus in der SCM Verlagsgruppe
GmbH, Max-Eyth-Str. 41, 71088 Holzgerlingen.

Herstellung und Verlag: BoD – Books on Demand, Norderstedt

ISBN: 978-3-7534-9123-3

Inhaltsverzeichnis

Einführung

Auf dem Weg zum Herzen Gottes ... Wie alles begann.

Ich habe es mir im Laufe meines Lebens zu einer guten Angewohnheit machen dürfen, jedes Jahr die Bibel einmal durchzulesen. Seit 2004 übe und pflege ich diese Gewohnheit mal mit mehr, mal mit weniger Begeisterung und Hingabe. Wie bei jeder guten Gewohnheit ist das Herz nicht immer in hohem Maß beteiligt und doch tut eine gute Gewohnheit meinem Herzen gut.

Jedes Jahr nehme ich mir bestimmte Themen vor, die ich beim Bibellesen genauer in den Blick nehmen möchte. Ich betrachte dann Themen wie zum Beispiel: Liebe, Leben, Anbetung, Gebet, die Namen Gottes u.v.a.m. Themen, die mir persönlich groß und wichtig werden, betrachte ich so im Licht der ganzen Bibel und gehe mit ihnen zwölf Monate schwanger. Und so entschied ich mich im Jahr 2008 das folgende Thema genauer in den Blick zu nehmen:

Das Herz Gottes

Dieser Entscheidung ging etwas voraus. In mir erwuchs eine Sehnsucht Gott näherzukommen. Ich wünschte mir Herzensbegegnung mit IHM. Eine nachhaltige Herzensbegegnung, die über alles kognitive Bibellesen, alle üblichen Gebetsformen und alle gängige Lobpreis- und Anbetungspraxis hinausgeht. Durch diese Sehnsucht gezogen und getrieben, wurde ich mit praktischen Fragen konfrontiert, Fragen wie: Wo finde ich eigentlich Gott und SEIN Herz?

Und wie bekomme ich einen Zugang zu Gott und zum Herzen Gottes?

Ich merkte, wie Bibellehre meinem Kopf guttat, aber mein Herz scheint eine Sehnsucht und ein Bedürfnis zu haben, welches durch Bibelschulunterricht und theologische Erkenntnisse nicht gestillt wird. Und auch das, was ich im Lobpreis und in der Anbetung erlebte und auch schätze, stillte nicht dieses tiefe Bedürfnis.

Auch wenn die Bibel selbst mein tiefliegendes Bedürfnis nicht stillt, ist sie es doch erst einmal und die Gedanken, die uns Gott in ihr offenbart, welche uns eine Richtung, einen Weg weist. Wir entdecken in der Bibel geistliche Wahrheiten und die Wahrheit macht uns frei (Joh 8,32). Der Kopf entdeckt einen Weg, den das Herz gehen kann. Und so begann für mich meine Reise und ich beschloss, einen Blick in die Bibel zu werfen, um zu sehen, was sie über das HERZ GOTTES zu sagen hat. Ich begab mich auf einen Weg:

Auf den Weg zum Herzen Gottes …

An die 100 Verse fand ich, die in sehr direkter Weise vom HERZEN GOTTES sprechen. Neben Klassikern wie die Aussage, dass David ein Mann nach *GOTTES HERZEN* ist (vgl. 1 Sam 13,13-14; Apg 13,22), fand ich zum Thema DAS HERZ GOTTES Verse im Alten wie im Neuen Testament.

Gott sagt über SICH im Altem Testament: *Mein Herz kehrt sich in mir um, ganz und gar erregt ist all mein Mitleid.* (Hos 11,8[b]; Hervorhebung durch den Autor)

Jesus sagt über sich im Neuen Testament: *Ich bin sanftmütig und von Herzen demütig* (vgl. Mt 11,29; Hervorhebung durch den Autor).

Es finden sich in der Bibel Verse der Selbstoffenbarung, in welchen Gott von SEINEM eigenen Herzen spricht (vgl. z.B. 1 Sam 2,35; Hes 28,2.6). Und es finden sich Verse, in denen Menschen Zeugnis von Gottes Herzen geben dürfen (vgl. z.B. 1 Sam 2,21).

Auch die sogenannten messianischen Psalmen geben uns Einblick in Gottes Herzensbewegungen (Ps 2; 8; 16; 21; 22; 40; 41; 45; 69; 72; 110; 118 u.a.m.). Und Psalm 23 gibt uns Einsicht in das hirtliche Herz Gottes.

So manch alttestamentlicher Prophet lebte nahe am Herzen Gottes und durfte SEINEN Herzschlag spüren (vgl. z.B. Jer 8,18; 13,17). Jeremia bringt zum Beispiel die Liebe, Traurigkeit und den Schmerz Gottes über SEIN Volk zum Ausdruck. Das zieht sich durch das Buch Jeremia und spiegelt sich auch im Buch der Klagelieder wider, welches ebenfalls aus Jeremias' Feder stammt.

Beim Beschäftigen mit dem Thema DAS HERZ GOT-TES fiel mir auf, dass Gott ein Herzensthema hat:

Gott im Menschen

Immer wieder und in zunehmender Weise blitzt dieses Thema in der Bibel auf.

Wenn es um Gottesbeziehung geht, hat das Alte Testament ganz stark den Gedanken

GOTT <u>BEIM</u> MENSCHEN

im Fokus. In bezeichnender Weise redet das Alte Testament von der Beziehung zwischen Gott und SEINEM Bundesvolk Israel. Und auch wenn die Propheten des Alten Testaments noch keinen Blick für die neutestamentliche Gemeinde hatten und nur punktuell über

GOTT <u>IM</u> MENSCHEN

redeten (vgl. Hes 36,27; 37,14), so spricht das Neue Testament doch ganz offen davon.

Jesus spricht davon: *Und ich habe ihnen deinen Namen kundgetan und werde ihn kundtun, damit die Liebe, womit du mich geliebt hast, in ihnen sei und <u>ich in ihnen</u>.* (Joh 17,26; Hervorhebung durch den Autor)

Paulus spricht davon: <u>*dass der Christus durch den Glauben in euren Herzen wohne*</u> *und ihr in Liebe gewurzelt und gegründet seid,* (Eph 3,17; Hervorhebung durch den Autor)

Johannes spricht davon: *Ihr seid aus Gott, Kinder, und habt sie überwunden, weil <u>der, welcher in euch ist,</u> größer ist als der, welcher in der Welt ist.* (1 Jo 4,4; Hervorhebung durch den Autor)

Und es gibt noch wesentlich mehr Bibelstellen, aber diese sollten erst einmal genügen.

So wie die Gemeinde im Alten Testament ein Geheimnis war (vgl. Kol 1,24-26), ist auch das Innewohnen Gottes ein Geheimnis, welches erst im Neunen Testament gelüftet wird. Die Lüftung, die Aufklärung dieses Geheimnis, beginnt mit CHRISTUS, welcher der Weg ist (Joh 14,6).

Ihnen wollte Gott zu erkennen geben, was der Reichtum der Herrlichkeit dieses Geheimnisses unter den Nationen sei, und das ist: <u>Christus in euch, die Hoffnung der Herrlichkeit.</u> (Kol 1,27; Hervorhebung durch den Autor)

CHRISTUS IN UNS, der Sohn Gottes im Gläubigen: Ein Geheimnis, das uns offenbart wurde und das nun von uns entdeckt werden darf und will.

Und eben hier wird die Sache interessant. Denn nun habe ich einen konkreten, lokalen Ort, an dem ich Gott suchen, finden und SEINEM Herzen begegnen kann. Und der Ort heißt:

GOTT IN MIR!

Nun da ich weiß, dass Gott in mir lebt, stellt sich mir eine neue Frage: WIE bekomme ich einen Zugang zu Gott in mir?

Von dieser Frage bewegt, warf ich einen Blick in die reiche christliche Tradition, welche über ehrwürdige 2.000 Jahre aufweist und mit ihren jüdischen Wurzeln noch tausende Jahre weiter zurückreicht. Und es zeigte sich, wie sich Männer und Frauen von den Anfängen des Neuen Testaments an über die Jahrhunderte und nun über zwei Jahrtausende hinweg auf den Weg machten, um Gott in sich zu suchen und zu finden. In jeder Generation waren Menschen auf der Suche, um dem Geheimnis des innewohnenden Gottes auf die Spur zu kommen. Und jede Generation muss dieses Geheimnis neu für sich entdecken und erschließen. Jede Generation befindet sich:

Auf dem Weg zum Herzen Gottes …

2008 begann für mich ein Prozess und das Zwischenergebnis ist dieses Buch. Dieses Buch gibt keine endgültigen Antworten und es wäre auch vermessen, an dieser Stelle endgültige Antworten geben zu wollen. Gott, das Leben ist so viel größer als ich. Ich will mit diesem Buch einen Startpunkt setzen und einen Anstoß, einen Anreiz geben, sich weiter mit diesem Thema zu beschäftigen, mit dem Thema: Das Herz Gottes und wie man einen Zugang zu IHM finden kann.

Das vorliegende Buch ist eine Frucht, welche aus meiner Beschäftigung mit dem Thema DAS HERZ GOTTES erwuchs. Dieses Buch ist nicht der Weg zum Herzen Gottes, es zeigt nur einen Weg, auf dem man gehen kann.

Überblick

In Teil I beschäftigen wir uns in theoretischer Weise mit theologischen Grundlagen. In Teil II gehen wir dann auf konkrete, praktische Schritte ein und überlegen, wie eine Gebetszeit mehr noch eine Lebenshaltung gestaltet werden kann, die uns dem Herzen Gottes näherbringt.

Ich lade dich ein, diesen Weg zu gehen und auf dem Weg zu bleiben. Und der Weg heißt:

Auf dem Weg zum Herzen Gottes ...

Teil I:

Der Weg zum

Herzen Gottes

Aufbruch zum Ziel

Auf dem Weg zum Herzen Gottes … Jeder Weg beginnt mit einem Aufbruch.

Aufbrüche geschehen aus den unterschiedlichsten Gründen. Bei dem einen ist es die innere Unzufriedenheit oder die Sehnsucht nach einem veränderten Zustand, die ihn dazu bringen, sich auf einen Weg zu machen. Andere werden durch Schicksalsschläge und Lebenskrisen aus der Bahn geworfen und machen sich gezwungenermaßen auf den Weg, um etwas zu entdecken, was sie irgendwie erahnen, aber wovon sie noch gar keine klare Vorstellung haben. Irgend so ein verheißenes Land, wo Milch und Honig fließen, steht ihnen vor Augen. Aber was das genau für einen Lebensalltag von 24 Stunden bedeutet, können sie noch gar nicht in Worte fassen. Nur eine Hoffnung erfüllt das Herz, eine Hoffnung, dass alles gut werden wird und dass es diesen Gott gibt, der trägt und hält, wenn nichts anderes mehr trägt und hält.

Aufbruch geschieht oft aus Zerbruch heraus.

Wo stehst du? Bist du aufgebrochen, damit sich etwas verändert? Oder willst du, dass alles so bleibt, wie es ist? Hast du Sehnsucht und Hunger nach mehr von GOTT oder bist du satt und träge und hast dich mit deinem IST-Zustand arrangiert und abgefunden?

Wozu liest du dieses Buch? Was erhoffst du dir davon? Ich mach dir Mut, die Antworten auf diese Fragen einmal aufzuschreiben. Es hilft einem, Klarheit über sich selbst zu bekommen. Leg dir ggfls. ein Tagebuch zu.

Das Ziel

Auf dem Weg zum Herzen Gottes ... Jeder Weg endet an einem Ziel.

Der Titel dieses Buches spricht von dem Ziel DAS HERZ GOTTES. Denn darum geht es, Gott zu suchen und zu finden, um bei IHM und in SEINEM Herzen anzukommen, um so Herzensbegegnung mit IHM haben zu können.

Was ich im Laufe meines Christseins gelernt habe und vielleicht deckt sich das auch mit deinen Erfahrungen: Meine üblichen Gebetsformen in meiner Gebetszeit und selbst Lobpreis und Anbetung – in welcher Form auch immer – bringen mich dem Herzen Gottes nicht nachhaltig nahe. Auch Bibellesen, Bibelschulunterricht, theologische Erkenntnisse, Hörendes Gebet und das Be- und Ergreifen von geistlichen Wahrheiten bringen mich nicht ans Ziel. All das bringt mich nicht nachhaltig zum Herzen Gottes. Auch wenn die Lehre der Bibel den Weg weist, ist die Bibel selbst nicht der Weg. Die Bibel erscheint mir eher wie eine Landkarte oder besser noch wie eine Schatzkarte. Jeder hat bei dem Gedanken an eine Schatzkarte ein Bild vor seinem inneren Auge. Auf einem alten, vergilbten Pergamentpapier ist ein Landstrich – vielleicht eine Insel mit einer Bucht – gezeichnet. Ein gestrichelter Weg beginnt bei der Bucht, dem Schiffsanlegeplatz und endet mitten auf der Insel bei einem Kreuz. Dort liegt der Schatz vergraben! Nun, lieber Schatzsucher, auf geht's! Begib dich zur Insel. Lege mit deinem Schiff an und folge dem gestrichelten Weg auf der Karte bis zu dem Kreuz und fange an zu graben. Oder: Bleib in deinem Arbeitszimmer sitzen und studiere weiterhin deine Schatzkarte und fahre nur mit dem Finger die gestrichelten Linien bis zum Kreuz entlang. Male dir aus, was du alles mit dem gefundenen Schatz anstellen könntest. Oder erlebe, wie es ist, einen Schatz in deinen Händen zu halten und ihn zu besitzen. Nur, dazu musst du dein gemütlich eingerichtetes Arbeitszimmer verlassen. Schatzkarte oder Schatz? Arbeitszimmer oder Abenteuer? Deine Entscheidung.

Wie heißt der Schatz?

Meine Frau Yvi sagt manchmal: „Martin, das ganze Leben ist ein Weg, ein Weg zum Herzen Gottes."

Und damit trifft sie den Kern der Sache. Alles, was Gott uns durch die Bibel lehrt, und alles, was Gott uns durch das Leben zum einen bietet und zum anderen zumutet, ist ein Werben um uns, damit wir uns auf den Weg machen, auf den Weg, um IHM zu begegnen. Das ist das Ziel: Gott selbst und die Begegnung mit IHM!

Der Partner selbst ist der SCHATZ in der Beziehung!

Doch wenn man bei Gott ankommt, wenn man den Schatz in seinen Händen halten darf, merkt man, dass man nicht an einem Ziel angekommen ist. Man merkt, dass man in einem neuen Leben angekommen ist, ein Leben, welches einem ganz neue Wege eröffnet, die es nun zu entdecken gilt.

Daher, wenn jemand in Christus ist, so ist er eine neue Schöpfung; das Alte ist vergangen, siehe, Neues ist geworden. (2 Kor 5,17).

Die erste Liebe verlassen und neu gewinnen

Auf dem Weg zum Herzen Gottes ... Jeder Weg ist ein Prozess.

Ich habe mal versucht, mein Herzensanliegen in wenigen, zugegeben etwas sperrigen Worten zusammenzufassen. Ich erlebe, so etwas ist eine sehr hilfreiche Übung, die einem Klarheit über sich selbst schenkt.

Mein Herzensanliegen ist die praktisch gelebte Gottesbeziehung auf der Grundlage des biblischen Gottes- und Menschenbildes. Der vertraute und vertrauensvolle Umgang mit Gott, eine intime Beziehung und das Einswerden mit IHM, ist das, was für mich das Leben lebenswert und spannend macht.

Das sind schöne, tief durchdachte und jahrelang gereifte Worte und ich wünschte mir, sie hätten in meinem Leben mehr Wirklichkeitsgehalt, als sie es tatsächlich haben. Aber so ist es mit unseren Glaubenssätzen, Hingabegebeten und Lobpreisliedern. Sie beschreiben meist keinen Ist-Zustand, sondern sie schildern ein Bild, eine Vision, eine Sicht von einem noch nicht vorhandenen Zustand. Und wir brauchen diese Bilder und diese Sicht, um uns danach auszustrecken. Ich brauche kein schlechtes Gewissen zu haben und ich brauche mir auch kein schlechtes Gewissen machen zu lassen, dass ich noch nicht dort bin, wo ich gern sein möchte. Und wo andere mich unbedingt haben wollen, braucht mich auch nicht sonderlich zu interessieren, denn ich stehe in Verantwortung vor Gott und muss nicht sein, wie andere mich haben wollen. Mein Wille, mein Wunsch und das Ausstrecken nach einem Zustand, der noch nicht vorhanden ist, ist das, was zählt. Und allein schon dieses Ausstrecken wird von Gott geachtet und wertgeschätzt und erfüllt SEIN Herz mit väterlicher Freude. Und in dem Maß, wie wir uns nach IHM ausstrecken, kommt ER uns auch schon entgegen. Ich darf in meinem JETZT sein, so wie ich jetzt bin. So wie ich jetzt bin, bin ich jetzt richtig. Ich darf mich annehmen, denn Gott tut das auch. Und ich darf mich wahrnehmen mit all meinen Sehnsüchten und Wünschen, die sich in mir regen.

Ich wünsche mir für mein Leben mehr Intimität mit Gott und strecke mich danach aus. Intimität beschreibt den Zustand innigster Vertrautheit. Ich sehne mich danach, mit Gott auf diese Weise und in diesem Sinn intim zu werden, und will mich von IHM berühren lassen. Ich will mich von Gott lieben lassen und ich will IHN lieben.

Aber dann lese ich in meiner Bibel diese hart treffenden und traurig machenden Worte:

Aber ich habe gegen dich, dass du deine erste Liebe verlassen hast. (Offb 2,4)

Ich lese diesen Vers und bejahe ihn traurig. Ja, das ist mein bemitleidenswerter Ist-Zustand. Und dann frage ich mich: Wie geht das eigentlich mit der ersten Liebe? Ich habe sie irgendwann nach all den Jahren meines Christseins verlassen. Ganz still und leise und ohne, dass ich es groß mitbekam. Das ist mir – wie auch vielen anderen meiner Glaubensgeschwister – klar. Aber wie komme ich dahin zurück? Und welche *erste Liebe* ist eigentlich in diesem

Vers gemeint? Geht es hier um die Liebe zu Gott oder die Liebe zu den Glaubensgeschwistern? Nun, die Liebe zu Gott zeigt sich erst durch die Liebe zu den Glaubensgeschwistern (vgl. Joh 13,35; 1 Jo 4,7ff). Aber wenn meine Liebe zu Gott an meiner Liebe und an meinem Verhalten meinen Mitchristen gegenüber messbar wird, na dann Prost Mahlzeit.

Ich betrachte mein Leben, reflektiere den Weg, der hinter mir liegt. Ich betrachte meine Beziehung mit Jesus und stelle fest: <u>Die Beziehung mit Jesus ist kein statischer Zustand.</u> Es ist nicht so, dass ich einen Zustand erreiche und ihn dann ein für alle Mal ergriffen habe. Es ist auch nicht so, dass ich stetig eine Stufe nach der anderen immer weiter hinaufsteige und von Level zu Level höher komme und geistlicher werde. <u>Die Beziehung mit Jesus ist ein dynamischer Prozess.</u> Mal geht es zwei Schritte vorwärts und dann wieder fünf Schritte zurück. Mal geht es auf und mal geht es ab. Und in allem vor und zurück, allem auf und ab entdecke ich: Die Beziehung verläuft in Phasen ähnlich den zyklischen Jahreszeiten. Je nachdem was man nun für eine Brille aufsetzt, kann man nun unterschiedliche Arten von Phasen betrachten. Ich denke hier zum Beispiel an Berufungsphasen, welche in einem engen Zusammenhang mit der natürlichen Persönlichkeitsentwicklung stehen. Oder ich denke an geistliche Wachstumsphasen, in welchen man von einem geistlichen Säugling, über ein geistliches Kind und einen geistlichen Teenager hin zur geistlichen Müdigkeit und geistlichen Erwachsenenreife (Eph 4,13) heranwächst. Aber wie gesagt, in all dem Genannten gibt es kein permanent fortschreitendes Wachstum, sondern ein Auf und Nieder.

Im Folgenden will ich vier Beziehungsphasen betrachten, welche auf dem Weg der meisten Christen liegen.

1. Die Phase der Betroffenheit

Der Weg beginnt mit einer tiefen Betroffenheit. Geistliche Wahrheiten kommen dem Herz so nahe, dass es emotionale Auswirkungen hat und man schlicht weg wie verliebt ist. Lobpreis und Anbetung werden zu einem Raum der Hingabe und Gottesbegegnung. Man hört Gottes Stimme und erlebt Gott auf eine ganz besondere Weise. Oft kommt man in dieser Phase mit einem hohen Sendungsbewusstsein daher. Denn man meint, es müsste doch allen so ergehen wie einem selbst und in diesem Zustand läge der Sinn allen wahren Christseins. Verliebtsein, manche nennen diesen Zustand auch eine Phase der vorübergehenden Unzurechnungsfähigkeit. Dieser Zustand ist oft eine Belastung und fast schon eine Zumutung für das gesamte Umfeld. Denn dass eine Person mit einem hohen Sendungsbewusstsein daherkommt, das muss ein Umfeld erst einmal aushalten können. Und vielleicht ist es diese Phase der Betroffenheit, welche die Bibel in Offenbarung zwei Vers vier mit *ERSTE LIEBE* beschreibt. Wer sich in dieser Phase befindet, erlebt sich auf Wolke 7. Aber diese Phase hält nicht ewig an, auch wenn man sie noch so gern festhalten möchte. Betroffenheit vergeht.

2. Die Phase der Gewohnheit

Nach und nach glätten sich die Wogen der Betroffenheit. Man hat nun schon zum tausendsten Mal in Predigten gehört, dass Gott einen liebt und dass einem diese Liebe persönlich gilt. Man hat sich damit arrangiert. Das Leben ist eingerichtet, man hat seinen Platz in der Gemeinde und bringt sich mit seinen Gaben ein, lebt dort Beziehungen und hat vielleicht eine Aufgabe und trägt Verantwortung. Die Stille-Zeit ist in das Leben und in den Alltag integriert, die Beziehung mit Gott funktioniert wie ein Schweizer Uhrwerk oder besser gesagt wie eine gut eingespielte Ehe.

Eine kurze Zwischenfrage an dieser Stelle: Welche dieser beiden ersten Phasen – Betroffenheit und Gewohnheit – beinhaltet mehr <u>Ernsthaftigkeit</u>? Diese Frage ist wichtig, denn bezeichnend für die Liebe ist nicht emotionale Betroffenheit, sondern Ernsthaftigkeit. Und Ernsthaftigkeit ist etwas, das in der Gewohnheitsphase genauso gelebt werden kann wie in der Phase der emotionalen Betroffenheit. Und wie ernst jemand eine Beziehung nimmt, zeigt sich in Konflikten und Krisenzeiten.

3. Die Phase der Gleichgültigkeit

Es gibt viele Gründe, die zu der Phase der Gleichgültigkeit führen können. Es kann in der Beziehung mit Jesus zu Enttäuschungen kommen, die man nicht aufarbeitet. Gott ist auf einmal ganz anders, als man immer gedacht hat. Oder man hat sich im Dienst für Gott aufgerieben oder sich an der Gemeinde abgearbeitet. Das christlich-theologische Gottes-, Menschen- und Weltbild ist durcheinandergekommen und man nimmt sich keine Zeit, es mit Gott zu sortieren. Gott passt einfach nicht mehr in mein Welt- und Lebensverständnis. Und in meine Schubladen passt ER schon mal gar nicht und es macht mir Angst, dass ich nicht über Gott verfügen kann. ER macht eh, was ER will. Oder man kann Sünde in seinem Leben zulassen, welche ein großes Hindernis für die Beziehung darstellt und ihr erheblichen Schaden zufügt. Jede Art von Fremdgehen – und Sünde ist im Grunde nichts anderes – schadet einer Beziehung. Wen das jetzt betrifft, dem hat der Heilige Geist schon längst gezeigt, was ich hier meine und was für ihn dran ist. Höre auf diese Stimme und folge ihr.

Und nun in dieser beschriebenen Phase wird alles gleichgültig. Es ist gleichgültig, ob man jetzt alles hinschmeißt und vielleicht seine Stille-Zeit sein lässt, um die Zeit sinnvoller und erfüllender zu nützen. Es ist sogar gleichgültig, seine Stille-Zeit weiterzumachen, und man macht halt weiter, weil man es macht und irgendwie noch dazugehört. Irgendwie, gleichgültig wie. Man hält halt an seinen Gewohnheiten fest. Die Menschen um einen herum bekommen es nicht einmal mit, wie es einem geht, wie es in einem aussieht. Denn man ist noch in der Gemeinde aktiv und die Hände sind beim Lobpreis erhoben. Vielleicht will man sich nicht die Blöße geben und sagen, wie es wirklich in einem aussieht. Aber auch wenn es von außen keiner merkt, innen drin weiß man es selbst: Man hat die erste Liebe verlassen.

Man wird zuerst innerlich und dann auch zunehmend nach außen hin passiv und hält nur noch die Fassade aufrecht. Oder schlimmer noch, weil es augenscheinlich so christlich engagiert wirkt: Man schaltet einen Gang hoch und betreibt noch mehr Aktivismus, um mit Aktion den Mangel an Gottesbeziehung wettzumachen.

Und nun? Wer trägt hier die Verantwortung? Wer hat Schuld an dem Dilemma? Nun, ganz einfach, SCHULD hat KEINER, denn was hier passiert, ist das Normalste auf der Welt. JEDER kommt an diesen Punkt, nur die wenigsten geben es zu. VERANTWORTUNG tragen hier ALLE Beteiligten – also du und Gott –, denn ihr seid an der Stelle Beziehungspartner auf Augenhöhe. Und alle Beziehungspartner tragen gleichermaßen Verantwortung für eine gelingende Beziehung, das ist es, was eine Liebesbeziehung auszeichnet, was sie adelt und sie erst wunderschön macht.

Du darfst wissen: Gott hat immer noch ein hochgradiges Interesse, dass die Beziehung mit dir Tiefe, Ernsthaftigkeit und Wahrhaftigkeit bekommt. ER sehnt sich nach einem weiten Raum der Freiheit, in dem ihr euch begegnen könnt. Wie steht es mit dir? Willst du in die Beziehung mit Gott investieren? Soll die Phase der Gleichgültigkeit eine Endstation oder eine Weichenstellung sein? Wenn du hier an diesem Punkt stehst und Interesse an deiner Gottesbeziehung hast, könnte die nächste Phase lauten:

4. Weichenstellung – Oder: Aufbruch zu neuen Ufern ...

Wenn es eine ERSTE LIEBE gab, dann könnte dies ein Weg hin zu einer ZWEITEN LIEBE sein. Und wer weiß, vielleicht schließt sich der Kreis und man gelangt wieder in eine Phase der Betroffenheit.

Abschließend zu diesem Kapitel möchte ich sagen: Bejahe, was ist. Bejahe die Phase, in der du dich befindest. Es hilft nicht, nach links und rechts zu gucken und vielleicht neidvoll wahrzunehmen, wie andere auf Wolke 7 schweben. Es hilft auch nicht, sich über die Gleichgültigkeit anderer aufzuregen. Es geht um dich und um deine Gottesbeziehung, für die du Verantwortung zu übernehmen hast.

Also wird nun jeder von uns für sich selbst Gott Rechenschaft geben. (Röm 14,12)

Nimm wahr, was ist, auch wenn es wehtut. Das ist der Anfang der Heilung. Und bei dem schmerzhaften Wahrnehmen des Ist-Zustands darfst du eine Sicht dafür haben, was sein kann. Deine Situation ist nicht die Endstation. Aber Gott führt uns in Situationen hinein, die sich wie das Ende, wie der Tod anfühlen, um uns SEINE Auferstehungskraft zu zeigen. Gott führt in die Wüste, um zu deinem Herzen zu reden, WEIL IHM ETWAS AN DER BEZIEHUNG ZU DIR LIEGT.

Darum: Siehe, ich werde sie locken und sie in die Wüste führen und ihr zu Herzen reden. (Hos 2,16)

In wunderschöner Bildsprache wird hier beschrieben, was Gott manchmal mit uns für einen schweren Weg gehen muss, um unser Herz zu erreichen. Manchmal muss in der Wüste der Verzweiflung und der Einsamkeit alles auf ein Kernthema reduziert werden, alles auf die innersten wesentlichsten Themen gelenkt werden, bevor es im Gesamten wieder weitergeht. In der Wüste verliert sich die

Nebensache und die essenzielle Hauptsache rückt in den Fokus.

Wir brauchen diese Wüstenzeiten, weil wir nur hier offen werden zuzuhören. Ansonsten sind wir zu beschäftigt mit uns selbst. Gott will deinen Blick auf SICH lenken. ER will Beziehung mit DIR leben. Jesus ist am Kreuz für dich gestorben, weil ER ohne dich nicht leben wollte.

Der Mensch

Auf dem Weg zum Herzen Gottes ... Ein Weg in das Herz des Menschen.

Wir befinden uns im Aufbruch auf dem Weg zum Herzen Gottes. Ein Schlüssel zum Verständnis dieses Weges, der vor uns liegt, ist die Ganzheitlichkeit besser die Einheit des Menschen. Der Weg zu Gott ist nicht irgendwo und irgendwie abstrakt im Irgendetwas, sondern dieser Weg ist konkret mit dem Menschsein in Zeit und Raum verbunden.

Gott gibt uns in der Bibel einen Einblick darin, dass es einen **äußeren Menschen** und einen **inneren Menschen** gibt (vgl. 2 Kor 4,16). Das Äußere ist der sichtbare Teil und das Innere ist der unsichtbare Teil des Menschen. An manchen Stellen beschreibt die Bibel den sichtbaren Teil als Körper und den unsichtbaren Teil allgemein als Seele (vgl. Mt 10,28). Der unsichtbare Teil wird manchmal statt Seele auch Herz genannt, sprich die beiden Bezeichnungen sind austauschbar (vgl. Ps 84,3).

Wenn wir ein wenig weiter nachforschen, entdecken wir ein differenzierteres Menschenbild, und zwar entdecken wir, dass der Mensch aus **Körper**, **Seele** und **Geist** besteht (vgl. 1 Thes 5,23). Und dann entdecken wir, dass das Herz die Seele und den Geist umfasst (vgl. Hebr 4,12).

Und so können wir die Einheit des Menschseins wie folgt zusammenfassen:

1. Der äußere Mensch – Der sichtbare Teil
   - Der Körper
2. Der innere Mensch – Der unsichtbare Teil
   - Die Seele ⎤
   - Der Geist ⎦ Das Herz des Menschen

Körper, Seele und Geist bilden EINEN Menschen. Es sind nicht drei Teile, die unabhängig voneinander sind, sondern die untrennbar zusammengehören. Körper, Seele und Geist bilden eine Einheit und wollen im Einklang miteinander stehen. Wenn mein Körper Hunger hat, dann hat das Auswirkung auf meine Seele, denn ich habe schlechte Laune und auch die geistliche Dimension einer Stillen-Zeit wird von einem profanen Hungergefühl betroffen sein. (Das Fasten mit seiner ganz eigenen Dynamik halten wir an dieser Stelle mal raus.) Andersherum kann auch eine seelische schlechte Laune meinen körperlichen Appetit hemmen und mir die geistliche Stille-Zeit schwer machen. Und die seelische schlechte Laune tritt durch eine eindeutige Körpersprache zu Tage.

Die Bibel betrachtet an manchen Stellen den Körper, die Seele und den Geist des Menschen einzeln, um sie uns verständlicher zu machen. Der sichtbare Körper wird zum Beispiel als *Zelthaus, Zelt* oder auch *Gefäß* beschrieben (vgl. 2 Kor 4,7; 5,1.4; 2 Petr 1,13-14). Dieser ist Träger des unsichtbaren Herzens, welches aus der Seele und dem Geist des Menschen besteht. Die Seele einzeln genommen verstehen wir ganz allgemein als den Sitz unseres Denkens, Fühlens und Wollens. Und unser Geist ist der Wohnraum von Gottes Heiligem Geist. Dort ist Gott in einem wieder-geborenen Menschen präsent.

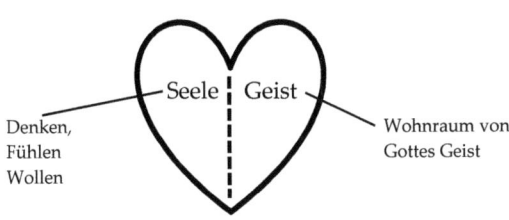

Das Herz des Menschen

Seele ¦ Geist

Denken,
Fühlen
Wollen

Wohnraum von
Gottes Geist

Bitte beachte, dass es sich bei der obigen Illustration um eine vereinfachte Darstellung des immateriellen Herzens handelt. Diese Zeichnung soll nur eins verdeutlichen: Das menschliche Herz umfasst die Seele und den Geist. Gott ist in meinem Herzen dadurch präsent, dass ER mit SEINEM Heiligen Geist in meinem menschlichen Geist Wohnung genommen hat.

Wenn Gott in meinem Herzen ist, also wenn SEIN Geist in meinem Geist wohnt und wenn ich bei IHM bleibe und in SEINER Gegenwart zu verharren vermag, wird kraft dieser Gegenwart Gottes die Seele – mein Denken, Fühlen und Wollen – beeinflusst. Und auch der Körper wird da-von nicht unbeeinflusst bleiben. Vorausgesetzt, ich lasse dies geschehen und gebe Gott Freiraum, in mir zu wirken.

Das Herz des Menschen

Auf dem Weg zum Herzen Gottes ... Die Quelle des Lebens.

Mehr als alles, was man <sonst> bewahrt, behüte dein Herz!
Denn in ihm <entspringt> die Quelle des Lebens. – (Spr 4,23)

Dein Herz ist Gottes Herzensanliegen. Gott bewirkt in deinem Leben keine Veränderung von außen. Er ändert meist nicht deine Situation, fast nie die Menschen um dich herum und nur selten deine Umstände. ER ändert dich in und durch deine Umstände. Deine Herzenshaltung wird verändert. Wir Menschen setzen oft am Äußeren an, um Veränderung zu bewirken. Das ist uns einfach angenehmer und bequemer. Diese äußeren Veränderungen sind zwar oft schnell herbeigeführt, aber selten sind sie nachhaltig in ihrer Wirkung.

Wir brauchen den Schlüssel zum Inneren und als Folge wird sich auch das Äußere ändern.

Wir dürfen lernen, Gott in unseren Herzen zu suchen, an IHN zu denken, zu IHM zurückkehren, wenn wir uns zerstreuen lassen und IHN aus dem Herzensblick verlieren (vgl. Eph 1,18-19). Wir dürfen lernen alles in der Absicht zu tun und zu lassen, sodass wir Gott gefallen.

Wende dich GOTT IN DIR, der Quelle des Lebens zu.

Lass uns mittun und Gottes Reich errichten. Um es aber wirklich zu errichten, muss ER in deinem Herzen zur Herrschaft kommen. Denn da sich SEINEM Reich allein das Herz widersetzen kann – ja, diese unglaubliche Freiheit lässt uns Gott –, so geben wir Gott die meiste Ehre, wenn das Herz sich IHM unterwirft.

[20] Und als er von den Pharisäern gefragt wurde: Wann kommt das Reich (o. die Königsherrschaft) Gottes?, antwortete er ihnen und sprach: Das Reich (o. die Königsherrschaft) Gottes kommt nicht so, dass man es beobachten könnte; [21] auch wird man nicht sagen: Siehe hier! Oder: Siehe dort! Denn siehe, das Reich (o. *die Königsherrschaft*) *Gottes ist mitten unter euch.* (Lk 17,20-21)

Luther übersetzte Vers 20b.21: „Das Reich Gottes kommt nicht mit äußerlichen Gebärden ... sehet, das Reich Gottes ist inwendig in euch." (Quelle: Die Bibel nach Martin Luthers Übersetzung, revidiert 1984; Fußnote zu Lk 17,21)

Gott ist in uns, im Herzen des Menschen, konkret im Geist des Menschen, welcher einen Teil des Herzens darstellt. Von hier aus will Gott, mit unserer Erlaubnis, SEINE Herrschaft ausüben und Einfluss auf unsere Seele und unseren Körper nehmen.

Das Gebet

Auf dem Weg zum Herzen Gottes ... Gott im Gebet begegnen.

Wie würdest du GEBET beschreiben, wie definieren? Vielleicht so: Gebet bedeutet mit Gott zu reden. Oder so: Gebet bedeutet Gott zuzuhören. Oder würdest du es umfassender formulieren: Gebet bedeutet mit Gott zu kommunizieren. Nun, all dem geht etwas voraus, und zwar Gott zu begegnen. Man könnte Gebet im Kern als BEGEGNUNG MIT GOTT bezeichnen. Und in einer Begegnung muss man nicht immer reden und zuhören. In einer vertrauensvollen Begegnung darf man auch einmal schweigen und sich einfach nur die Anwesenheit schenken.

Die Begegnung mit Gott kann auf der Grundlage des vorgenannten Menschenbildes auf allen drei Ebenen, also körperlich, seelisch und geistlich erfolgen.

Das Gebet mit der Seele

Zur Erinnerung: Unsere Seele umfasst

1. unsere Gedanken,
2. unsere Gefühle und
3. unseren Willen.

Also, wann immer ich Gott meine Gedanken mitteile, IHM gegenüber meine Gefühle zum Ausdruck bringe oder IHM gegenüber meinen Willen äußere, bete ich mit meiner Seele. Dabei kommt mein ICH zur Sprache. Ich als Mensch bin vor Gott präsent und habe Raum mein Inneres auszubreiten.

Ich lade dich zu einem kleinen Experiment ein.

Setz dich auf einen Stuhl, einen Sessel oder eine Couch. Lege deine Hände auf deine Oberschenkel. Lass deine Hände dort ruhig liegen und sag doch bitte einmal folgenden Satz zu Jesus: „Jesus, ich halte mich DIR hin und überlasse mich ganz DIR!"

Spür mal nach, wie es dir bei diesem Gebet geht.

Wir werden später noch einmal darauf zurückkommen.

Das Gebet mit dem Körper

Auch mit dem Körper kannst du beten. Sogenannte Körpergebete sind aber leider für uns etwas ungewohnt. Sie haben in unserer Kultur den Anstrich „Kindergottesdienst". Aber wenn du es lernst, ganz ungezwungen mit deinem Körper zu beten, setzt dies enorme Kräfte frei. Denn Gott lebt in deinem Körper.

Das Gebet mit dem Körper unterstützt Folgendes: Das Ankommen in der Gegenwart, im HIER und JETZT! Dieser Punkt ist nicht zu unterschätzen. Mit deiner Seele befindest du dich oft an allen möglichen Orten, deine Gedanken schweifen mal in die Vergangenheit und mal in die Zukunft. Vor langer Zeit gefühlte Gefühle steigen auf und beeinflussen deine Gegenwart. Und was man morgen tun will, geht einem durch den Kopf.

Nur dein Körper ist IMMER im HIER und im JETZT. Und das ist genau der Ort und die Zeit, wo und wann Gott dir begegnen will. Gott will dir nicht in deiner Vergangenheit begegnen und auch nicht in der Zukunft (Gebetsseelsorge jetzt mal ausgenommen). Der ewige Gott unterliegt all diesen Zeitformen sowieso nicht. Für IHN ist alles Gegenwart, denn ER ist außerhalb von Raum und Zeit! Aber du bist an Raum und Zeit gebunden, Gott hat das so geschaffen. Und ER hat sich entschieden, dir in Raum und Zeit zu begegnen. Lerne im HIER und im JETZT zu sein und du bist Gottes Herzen einen großen Schritt nähergekommen.

Gott kommt hinein in Raum und Zeit, um dir HIER und JETZT zu begegnen. Gott kommt hinein in die Zeit, um Zeit mit dir zu verbringen. Und das Wundersame ist: In dieser Begegnung ereignet sich Ewigkeit!

Körpergebete helfen uns, im HIER und JETZT zu sein. Weiteführende und tiefergehende Gedanken zu Körpergebeten kannst du in Band II meines zweibändigen Beziehungskurses mit Gott lesen. Ich stelle dir diese beiden Bände im Anhang unter BUCHEMPFEHLUNGEN vor.

Lass uns mal unser kleines Experiment weiterführen.

Sag zu Jesus noch einmal den vorherigen Satz: „Jesus, ich halte mich DIR hin und überlasse mich ganz DIR." Unterstütze diesen Satz nun damit, indem du dich aufrecht hinstellst, deine Hände vor dir öffnest und sie Jesus hinhältst, als würdest du dich selbst in den Händen halten und dich Jesus so übergeben. Gib dir einen Moment Zeit, dich in diese Körperhaltung hineinzufühlen. Höre nicht auf die Zensur in deinem Kopf, die dir sagt, dass das alles doof ist. Sprich den Satz mit deinem Mund und bring den Inhalt des Gesagten mit deinem Körper zum Ausdruck.

Merkst du einen Unterschied?

Das Gebet mit dem Geist

Der Mensch hat in sich einen menschlichen Geist (vgl. 1 Kor 2,11). In diesem Geist wohnt der Geist Gottes, welchen der Mensch von Gott empfangen hat (vgl. 1 Kor 2,12; 1 Thes 4,8). Es gibt damit eine geistliche Ebene, geistliche Dinge, die allein durch den Geist gedeutet werden können, nicht rational und auch nicht emotional (vgl. 1 Kor 2,13). Gott offenbart sich durch SEINEN Geist in den menschlichen Geist hinein (vgl. 1 Kor 20,10). Den Einzug des Geistes Gottes in den Geist des Menschen nennt die Bibel Wiedergeburt (vgl. Joh 3,1-8; 14,17; Tit 3,5). Der Mensch, der auf Gottes JA zu ihm mit seinem JA zu Gott antwortet und sich so auf die Beziehung mit Gott einlässt, wird erfüllt mit dem Heiligen Geist. Damit ist ein großes Geheimnis mit wenigen Worten ausgesprochen (Joh 1,11ff). Dieses Geheimnis kann man nicht endgültig erklären, aber man kann es erleben, und wer es erlebt hat, der weiß es.

Gott ist durch SEINEN Heiligen Geist in dir präsent. Aber ER ist nicht in dir, damit du über IHN verfügen kannst, sondern damit ER über dich verfügen kann, und das in dem Maß, wie du es IHM erlaubst und es geschehen lässt.

Also, Gottes Geist befindet sich in deinem menschlichen Geist (Röm 8,9-11.15-16). Und so kommt es zustande, dass GOTT IN DIR betet. ER betet in dir für dich und zu dir (Röm 8,14.16.26-27).

Beim Gebet mit der Seele kommt dein ICH zur Sprache. Beim Gebet mit dem Geist heißt es: GOTT IN DIR kommt zur Sprache (Röm 8,26; Gal 4,6).

Gott in uns. Gott in sich wahrzunehmen setzt einen wahrnehmenden Lebensstil voraus, einen Lebensstil, der Raum der Stille zulässt, um Gottes leise Stimme hören zu können.

An dieser Stelle könnte es ein kleines Experiment sein, sich einmal Zeit zu nehmen, um sich hinzusetzen und in sich hineinzuhören:

Weil ihr aber Söhne seid, sandte Gott den Geist seines Sohnes in unsere Herzen, der da ruft: Abba (d.h. in der aramäischen Muttersprache von Jesus *Vater*), *Vater!* (Gal 4,6)

Aber ich vermute, dieses Experiment wird uns nicht den Geist in unseren Herzen wahrnehmen lassen, der „Abba, Vater!" ruft. Diese Übung wird bei den allermeisten von uns die innere Unruhe offenbaren, die Unfähigkeit, sich hinzusetzen, ruhig zu werden, um in sich hineinzulauschen. Wer sich auf den Weg zum Herzen Gottes machen möchte, dem bleibt nichts anderes übrig, als sich Stille-Kompetenz zu erwerben. Später dazu mehr.

Gottes Geist im Geist des Menschen. Hier ist Gott dir ganz nahe. Und von hier aus will Gott mit deiner Erlaubnis Einfluss auf deine Seele nehmen. ER spürt, was du fühlst, und will deine Gefühle berühren. ER will deine Gedanken inspirieren und deinen Willen in guter Weise motivieren.

Altes Testament und Neues Testament

Auf dem Weg zum Herzen Gottes ... Gott BEIM Menschen und Gott IM Menschen.

Jesus spricht zu ihr: Frau, glaube mir, es kommt die Stunde, da ihr weder auf diesem Berg noch in Jerusalem den Vater anbeten werdet. (Joh 4,21)

Für die Samariterin, mit der Jesus hier spricht, ist es keine Neuigkeit, dass man Gott anbetet. Gottesdienstformen und Anbetungspraxis gab es damals wie heute genügend. Die entscheidende Neuigkeit für die Frau ist, dass sich Anbetung und Gottesbegegnung nun losgelöst von einem Ort ereignen kann. Das ist für sie etwas gänzlich Neues.

Im Alten Testament gab es zuerst die mobile Stiftshütte und dann den unverrückbaren Tempel. Beide Gebäude dienten dem einen Zweck, Gott zu begegnen. Gott wohnte zuerst in der Stiftshütte und dann im Tempel. Gott war so bei den Menschen präsent (3 Mo 26,11-12; 2 Kor 6,16). Dass Gott BEIM Menschen war, finden wir schon in den Anfängen der Menschheitsgeschichte (vgl. 1 Mo 2,19; 3,8).

Das Neue Testament bringt eine ganz neue Wahrheit in das Bewusstsein hinein: Gott ist nicht mehr nur BEIM Menschen, sondern ER will nun auch IM Menschen sein. Dass Gott beim Menschen sein will, wird dabei im Neuen Testament in keiner Weise aufgehoben. Im Gegenteil, es wird ganz besonders betont und ist jederzeit und allerorts möglich, unabhängig von Gebäuden, speziellen Priestern und religiösen Handlungen (vgl. z.B. Mt 28,20). Das Gleiche gilt für unsere Zukunft in Gottes neuer Welt im neuen Jerusalem (Offb 21,3). Dort und dann wird Gott unmittelbar und sichtbar BEI uns sein.

Gott wohnt gegenwärtig nicht mehr in einem Tempelgebäude. Wir – die Gemeinde – sind der Tempel Gottes (1 Kor 3,16; 2 Kor 6,16). Gott ist unter uns. Und sogar jeder Körper jedes einzelnen Gläubigen ist nun ein Tempel Gottes (1 Kor 6,19). Gott ist im Menschen, ER ist in uns (Joh 14,15-18; Kol 1,27).

Im Alten Testament war der Tempel der Ort der Gottesbegegnung. Im Neuen Testament werden die Gemeinde und der Körper jedes einzelnen Gläubigen zum Tempel. Und somit kann sich Gottesbegegnung nun UNTER uns und IN uns vollziehen.

Wisst ihr nicht, dass ihr Gottes Tempel seid und der Geist Gottes in (o. *unter*) *euch wohnt?* (1 Kor 3,16)

Oder wisst ihr nicht, dass euer Leib ein Tempel des Heiligen Geistes in euch ist, den ihr von Gott habt, und dass ihr nicht euch selbst gehört? (1 Kor 6,19)

Dass Gott im Menschen sein will, wurde im Alten Testament schon angekündigt und prophezeit (Hes 36,27; 37,14; Joe 3,1-5). Diese Prophezeiung erfüllt sich im Neuen Testament (Joh 20,21-22; Apg 2,17-21). Jesus selbst greift diese Prophezeiung auf (Joh 17,26). Paulus führt diese Wahrheit dann weiter aus. Wie selbstverständlich spricht er davon, dass es nun so ist, dass Gott im Menschen lebt (1 Kor 6,19; Gal 2,20; Kol 1,27 u.v.a.m.). Auch andere Autoren – wie z.B. Johannes – schreiben von dem Innewohnen von

Gottes Geist im Menschen (1 Jo 3,24). Was im Alten Testament noch ein Geheimnis war, davon wird im Neuen Testament ganz offen gesprochen (Kol 1,25-27). Ein Geheimnis, von dem man nun Kenntnis hat. Das Geheimnis ist gelüftet. Und nun will es entdeckt werden, wie man dieses Wunder, dass Gott in uns präsent ist, im 24-Stunden-Alltag mit seinen allzu gewöhnlichen und irdischen Herausforderungen lebt.

Im Neuen Testament schließt Gott mit den Menschen einen neuen Bund. Und ein Bestandteil dieses Neuen Bundes ist, dass Gott nun nicht mehr nur BEIM Menschen sein will, sondern ER will im Menschen sein (vgl. Hebr 8,10). Der neue Bund heißt:

Gott im Menschen.

Wir befinden uns aktuell auf folgender Route: Auf dem Weg zum Herzen Gottes …

Welche Richtung soll ich einschlagen, um das Herz Gottes zu erreichen?

Wenn wir den Weg zum Herzen Gottes suchen, stellen wir nach allem Vorhergehenden fest, dass es sich um einen zweifachen Weg handelt. Zum einen ist es ein Weg zu meinen Glaubensgeschwistern, denn Gott wohnt unter uns (1 Kor 3,16; siehe auch Mt 18,20). In der Gemeinschaft mit Menschen, in denen Gott wohnt, geschieht Gotteserfahrung. Zum anderen handelt es sich um einen Weg ins Innere. Warum ins Innere? Weil Gott in uns ist und in uns, in jedem einzelnen Gläubigen lebt (1 Kor 6,19). Das Innewohnen Gottes macht die Zuwendung zu Gott in sich möglich (Joh 17,26; 2 Kor 13,3.5). Und so kann Gottesbegegnung geschehen.

Der Kerngedanke ist nun: Gott hat sich in uns verortet, wie er sich damals in der Stiftshütte und im Tempel verortet hatte. Und wir können uns diesem Ort – GOTT IN UNS – zuwenden. Gott verortet sich in uns. ER wohnt in uns.

Und wo wohnt Gott in uns? ER wohnt in unseren Herzen durch den Glauben.

dass der Christus durch den Glauben in euren Herzen wohne und ihr in Liebe gewurzelt und gegründet seid, (Eph 3,17)

Und wie wir feststellten: Das Herz umfasst die Seele und den menschlichen Geist, in welchem Gott nun mit SEINEM Heiligen Geist Wohnung genommen hat.

Ehrlicherweise müssen wir aber sagen, dass Gott damit an einem unlokalisierbaren oder zumindest ungreifbaren Ort eingezogen ist. Ich kann nicht den Finger auf eine Körperstelle legen und sagen: „Hier ist mein Herz, da ist meine Seele und dort ist mein Geist. Und: Tada da ist Gott." Aber ich kann meine Hand auf meine Brust legen, meine physische Herzenspumpe und das pulsierende Leben in mir wahrnehmen und sagen: „Gott, DU lebst in mir!" Als Mensch bin ich Körper, bin ich Seele und bin ich Geist erfüllt mit Gottes Geist. All das steht im Einklang und macht dich als Menschen aus.

Als ganzheitlicher Mensch lebt Gott ganz in dir.

Schließe die Augen deines Körpers und öffne die Augen deines Herzens.

[18] Er erleuchte die Augen eures Herzens, damit ihr wisst, was die Hoffnung seiner Berufung, was der Reichtum der Herrlichkeit seines Erbes in den Heiligen [19] und was die überragende Größe seiner Kraft an uns, den Glaubenden, ist, nach der Wirksamkeit der Macht seiner Stärke. (Eph 1,18-19)

So wirst du lernen, GOTT IN DIR wahrzunehmen, IHM zu begegnen, um Gemeinschaft mit IHM zu haben.

Gott in uns

Auf dem Weg zum Herzen Gottes ... Der dreieinige Gott in uns.

Mh, WER von Gott ist eigentlich in uns?

Das ist eine spannende Frage und das Neue Testament gibt mehrere Antworten darauf, welche aber alle EINE Wahrheit beschreiben. Einmal sagte Jesus zu seinen Jüngern, dass ER und der Vater in den Jüngern sein werden. Dann spricht Jesus davon, dass der Heilige Geist in den Jüngern sein wird. Und dann, dass ER – Jesus – in den Jüngern sein wird. Und all das lehrt Jesus SEINE Jünger in ein und derselben Situation, und zwar im Johannesevangelium in den Kapiteln 13 bis 18. Dieser Abschnitt beschreibt eine einzige unmittelbar zusammenhängende Szene.

Jesus antwortete und sprach zu ihm: Wenn jemand mich liebt, so wird er mein Wort halten, und mein Vater wird ihn lieben, und wir werden zu ihm kommen und Wohnung bei ihm machen. (Joh 14,23)

[15] Wenn ihr mich liebt, so werdet ihr meine Gebote halten; [16] und ich werde den Vater bitten, und er wird euch einen anderen Beistand geben, dass er bei euch sei in Ewigkeit, [17] den Geist der Wahrheit, den die Welt nicht empfangen kann, weil sie ihn nicht sieht noch ihn kennt. {Ihr} kennt ihn, denn er bleibt bei euch und wird in euch sein. (Joh 14,15-17)

Und ich habe ihnen deinen Namen kundgetan und werde ihn kundtun, damit die Liebe, womit du mich geliebt hast, in ihnen sei und ich in ihnen. (Joh 17,26)

Von daher kann man sagen Gott ist in den Jüngern präsent und dies betrifft jede der drei Personen der EINEN Gottheit.

Gott ist eine Einheit und nicht zerstückelt. Für uns ist es eine Verständnishilfe, wenn wir von den drei Personen der EINEN Gottheit reden und jede von ihnen einzeln betrachten. Die unfassbare Größe Gottes muss unserem menschlichen Denken verständlich gemacht werden. Es hilft uns, wenn wir Gott als den Vater betrachten. Wenn wir über Gott den Sohn – Jesus Christus – nachdenken. Oder dem geheimnisvollen Heiligen Geist auf die Spur kommen. Aber letztendlich ist Gott eine Einheit so wie auch dein Wesen als Menschen mit Körper, Geist und Seele als Einheit zu verstehen ist. Als Mensch bist du Körper, bist du Seele und bist du Geist. Und Gott ist Vater, Gott ist Sohn und Gott ist Geist.

Und wir sind ganz mit Gott erfüllt (vgl. Eph 3,19).

Der Heilige Geist – Der Stellvertreter

Auf dem Weg zum Herzen Gottes ... Einer für alle

Fragen wir uns ganz praktisch: WIE ist Gott in uns?

Hier gibt uns die Bibel die Antwort: Durch den Heiligen Geist.

Jesus spricht davon, dass der Heilige Geist kommen wird, um stellvertretend für Jesus in den Jüngern zu sein (Joh 14,15-19.28; 16,7). Da sich Jesus mit dem Vater eins macht (vgl. Joh 10,30; 17,11), kommt der Heilige Geist also sowohl stellvertretend für Jesus wie auch für den Vater in den Gläubigen hinein.

Der Heilige Geist ist der Stellvertreter der drei Personen Gottes.

Gottes Geist in uns bringt Gott in den Menschen hinein. Durch den Heiligen Geist im menschlichen Geist ist Gott im Menschen präsent und das zu jeder Sekunde des Tages.

Die Frage an dieser Stelle ist nicht, wie viel Heiligen Geist du hast, sondern wie viel der Heilige Geist von dir hat. Wie viel Raum darf ER in dir mit deiner Erlaubnis einnehmen?

damit ihr erfüllt werdet zur ganzen Fülle Gottes. (Eph 3,19[b])

Mit der Wahrheit, dass der dreieinige Gott stellvertretend durch den Heiligen Geist ganz in uns ist, bewegen wir uns an der Grenze der Mitteilbarkeit. Aber so ist es mit Gott eben. ER ist nicht gegen, aber über unserem Denken. Irgendwann kommen wir einfach an unsere Grenzen und können nur noch staunend zu IHM aufschauen.

Was macht Gott in uns?

Auf dem Weg zum Herzen Gottes ... Gott ist in uns am Werk.

Ich bin ebenso in guter Zuversicht, dass der, der ein gutes Werk in euch angefangen hat, es vollenden wird bis auf den Tag Christi Jesu. (Phil 1,6)

Wenn Gott durch den Heiligen Geist in uns ist, stellt sich die nächste Frage: WAS macht Gott in uns?

Ich erhebe bei den folgenden Antworten keinen Anspruch auf Vollständigkeit, bei weitem nicht. Du bist eingeladen, selbst deine Bibel in die Hand zu nehmen und sie durchzulesen, um vor allem im Neuen Testament zu entdecken, was Gott so alles IN UNS macht. Übrigens: Das Neue Testament umfasst 260 Kapitel. Wenn du jeden Tag EIN Kapitel liest, brauchst du circa ein dreiviertel Jahr, also ca. 9 Monate zum Durchlesen. Eine gute Zeitspanne, um mit diesen wundervollen Inhalten schwanger zu gehen. Fang bei Matthäus an und höre bei der Offenbarung auf, das ist am einfachsten.

Hier sind nun Bibelverse, die mich im Rahmen der Fragestellung angesprochen haben, was Gott so alles in uns macht.

- Als allererstes: In uns SEIN (Joh 17,26) und in uns LEBEN (Gal 2,20).
- Der Heilige Geist bringt Gottes Liebe in unsere Herzen hinein, welche sich nun wachstümlich entfalten will (Röm 5,5).

- Gottes Geist in uns will uns bewegen (Röm 8,14).
- Gottes Geist will uns klarmachen, dass wir Kinder Gottes sind (Röm 8,16-17).
- Gottes Geist betet in uns (Röm 8,26-27).
- Gott will Einfluss auf unseren Willen nehmen, wenn wir es IHM erlauben (Phil 2,13). (Aber beachte: Entscheiden müssen wir immer noch selbst, denn wir sind nicht Sklaven unseres Willens und müssen damit nicht immer das tun, was wir wollen, oder lassen, was wir nicht wollen. Wir tun, wozu wir uns entscheiden.)
- Gott wirkt in und durch uns, wie wir es am Beispiel von Paulus sehen können (2 Kor 13,3-5; Gal 1,15-17; 2,19-20; Kol 1,27-29). Und Paulus schreibt davon, wie Gott durch ihn und auch durch Petrus wirkt (Gal 2,6-9).

Was macht Gott als speziell CHRISTU in uns? Was ist dort SEIN Anliegen? Gestalt gewinnen!

Meine Kinder, um die ich abermals Geburtswehen erleide, bis Christus in euch Gestalt gewonnen hat – (Gal 4,19)

Nicht was außen passiert, ist entscheidend, sondern was IN DIR geschieht. Du wirst nicht dadurch Christus ähnlicher, wenn diese Welt ein besserer Ort wäre. Sondern diese Welt wird dadurch ein besserer Ort, indem du Christus ähnlicher wirst. Aber du MACHST das nicht, dass du Christus ähnlicher wirst, das macht GOTT IN DIR, und es liegt an dir, dies zu erlauben und es geschehen zu lassen

GOTT IN UNS, das ist das, was uns zu einem Kind Gottes macht. Wir sind so aus Gott geboren (vgl. 1 Jo 4,4).

Wer zu Jesus gehört, lässt sich mit SEINEM Geist erfüllen (Röm 8,9). Jüngerschaft (Mt 28,18-20) wird dadurch so viel mehr, als nur Jesus nachzufolgen. Jüngerschaft wird so zur Gotteskindschaft (Röm 8,14ff). Gotteskindschaft bedeutet: Wir sind nicht nur Jünger, die BEI Jesus sind und BEI denen Jesus ist, sondern wir sind Gotteskinder, weil der Sohn Gottes – SEIN Geist (Gal 4,6) – in uns lebt.

Gott hat ein Werk in dir angefangen und ER will und wird SEIN Werk in dir vollenden (Phil 1,6). Das Werk, welches GOTT IN DIR begonnen hat, ist der Gestaltungsprozess, dass du im Diesseits Christus ähnlicher wirst. Die Vollendung wird sein, dass du im Jenseits, in Gottes neuer Welt Christus gleich sein wirst (1 Jo 3,1-2). Die Garantie dafür ist Gott selbst, ER in uns, repräsentiert durch den Heiligen Geist.

Zugänge zu Gott

Auf dem Weg zum Herzen Gottes ... Der Vorhang ist zerrissen.

Und der Vorhang des Tempels zerriss in zwei <Stücke>, von oben bis unten. (Mk 15,38)

Dadurch, dass Jesus stellvertretend für die Menschheit am Kreuz gestorben ist, hat ER den Weg freigemacht. Das, worauf aller Opferkult des Alten Testamentes hindeutet, nämlich Versöhnung mit Gott, hat sich nun ereignet. Das Allerheiligste im Tempel, welches bisher Ort der Gottesbegegnung war, wurde von Gottes Seite her geöffnet. Der Weg zu Gott ist frei. Und der Mensch, der JA dazu sagt, öffnet seinerseits den Weg, damit Gott ins Herz des Menschen einziehen kann. Noch vor SEINEM Tod spricht Jesus in bezeichnender Weise zu SEINEN Jüngern davon, dass der Heilige Geist als Stellvertreter der dreieinigen Gottheit kommen wird und dass ER sowohl BEI als auch IN den Jüngern sein wird (vgl. Joh 14,15-18). Und mit dem zerrissenen Vorhang ist der Weg dafür nun bereitet. Jesus kehrt in die unsichtbare Welt zurück und der Heilige Geist kommt in die Gläubigen hinein (Joh 16,7; Apg 2).

Daraus ergeben sich Fragen: Wie kann ich Gott, der mir offensichtlich nahekommen will, wahrnehmen? Wie bekomme ich einen Zugang zu Gott, der von SEINER Seite aus die Tür öffnet bzw. den Vorhang zerreißt?

Gehen wir mal ganz ursprünglich an diese Frage heran. Wenn wir alles auf den kleinsten Nenner herunterbrechen, entdecken wir drei Zugänge zu Gott und im Grunde können wir alles Weitere in diese drei Zugänge einordnen. Ich weiß, dass man die Zugänge zu Gott differenzierter betrachten kann. Aber jetzt mal mit einem ganz grundsätzlichen Blick betrachtet: Auf drei Ebenen können wir Gottesbegegnung erleben.

Außen – Gott BEI mir
1. In der Natur (Röm 1,18-23) (Gott <u>um</u> uns).
2. In und durch meine Glaubensgeschwister (2 Kor 13,3; Gal 6,2; 1 Jo 4,12) (Gott <u>unter</u> uns).

Innen – Gott IN mir
3. In meinem Herzen (Eph 3,17) (Gott <u>in</u> uns).

GOTT <u>BEI</u> DIR, das bedeutet, dass du einen Zugang zu IHM durch äußere Einflüsse bekommst, wie zum Beispiel durch die Natur oder durch die Begegnung mit anderen Christen.

GOTT <u>IN</u> DIR, das ist die intimste und persönlichste Weise der Gottesbegegnung. Näher kann Gott dir nicht kommen. Niemand kann dir jemals näherkommen als GOTT IN DIR. Gottes Geist im menschlichen Geist kommt deiner Seele so nahe, dass ER nicht nur in SEINER Allwissenheit über deine Gefühle Bescheid weiß, nein, ER kommt dir IN DIR so nahe, dass ER fühlt, was du fühlst.

Vor Jahren hätte ich an dieser Stelle wahrscheinlich zwei andere Zugänge zu Gott benannt und vielleicht hast du sie auch an dieser Stelle vermutet: Bibellesen und Beten.

Bis zur Stunde bin ich davon überzeugt, dass Bibellesen und Beten unerlässlich für geistliches Wachstum sind und einen wichtigen Beitrag zur Beziehungspflege mit Gott leisten. Aber ich gewinne mehr und mehr die Einsicht und Überzeugung, dass Gottesbegegnung unmittelbarer und erfahrbarer ist.

Übung: Halte einen Moment inne. Lege deine Hand auf deine Brust. Mach dir bewusst: Gott ist in dir. Dabei ist es egal, ob du ihn spürst. Denn um Gott wahrzunehmen, hast du nicht deine Sinneswahrnehmungen bekommen, sondern ein ganz anderes Wahrnehmungsinstrument steht dir zur Verfügung. GOTT IN DIR nimmst du durch den Glauben wahr (Eph 3,17). Und Zweifel gehört zur Dynamik des Glaubens dazu. Zweifel ist nicht unbedingt das Gegenteil von Glauben, sondern kann sich innerhalb des Glaubens ereignen. Ganz praktisch heißt das: Sprich mit Jesus über deine Zweifel. Sag IHM, wenn es dir schwerfällt, zu glauben.

Die totale Verbundenheit mit Gott

Auf dem Weg zum Herzen Gottes ... Gott in uns und wir in IHM.

Die totale Verbundenheit mit Gott ist ein Herzensthema von Johannes, dem Jünger von Jesus. Johannes ist der Autor des Johannesevangeliums, der drei Johannesbriefe und der Offenbarung. Johannes beschreibt diese Verbundenheit mit Gott mit den Worten, dass **wir in Gott** sind und **Gott in uns** ist. Gott und du, ihr seid miteinander verwoben. Untrennbar!

Hier zwei Beispiele mit exemplarischer Bedeutung aus den Johannesschriften:

[4] Bleibt in mir und ich in euch! Wie die Rebe nicht von sich selbst Frucht bringen kann, sie bleibe denn am Weinstock, so auch {ihr} nicht, ihr bleibt denn in mir. [5] {Ich} bin der Weinstock, {ihr} seid die Reben. Wer in mir bleibt und ich in ihm, der bringt viel Frucht, denn getrennt von mir könnt ihr nichts tun.
(Joh 15,4-5)

Hieran erkennen wir, dass wir in ihm bleiben und er in uns, dass er uns von seinem Geist gegeben hat. (1 Jo 4,13)

In Gott sein und Gott in sich haben heißt, eins zu werden mit IHM, eines Geistes mit IHM zu sein.

Wer aber dem Herrn anhängt, ist {ein} Geist <mit ihm>. (1 Kor 6,17)

Es zählt nicht mehr, was oder wer ich allein bin. Es gibt mich nur noch in Verbindung mit Gott. Ich bin ohne Gott nicht mehr denkbar. Alles, was ich bin, tue und habe, ist direkt mit Gott verbunden.

Das Bild der Ehe

Auf dem Weg zum Herzen Gottes ... Die Vereinigung mit Gott.

> *Darum wird ein Mann seinen Vater und seine Mutter ver-*
> *lassen und seiner Frau anhängen, und sie werden zu {einem}*
> *Fleisch werden.* (1 Mo 2,24)

Das erste, was Gott über die Beziehung zwischen einem Mann und einer Frau mitteilt, ist die Vereinigung dieser zwei Wesen, das Einswerden zu einer Einheit. Das Wenige, was Jesus über die Ehe sagt und lehrt beinhaltet genau diesen Gedanken.

> *[7] „Darum wird ein Mensch seinen Vater und seine Mutter*
> *verlassen, [8] und die zwei werden {ein} Fleisch sein"; daher*
> *sind sie nicht mehr zwei, sondern {ein} Fleisch.* (Mk 10,7-8)

Ehe bedeutet: emotionale und körperliche Nähe, Lebenspartnerschaft und gemeinsame Lebensbewältigung, Aufgabe und Hingabe an einen gemeinsamen Weg. Zusammengefasst: Einswerden mit einer anderen Person.

Einswerden ist der Weg der Vereinigung, auf welchem zwei Individuen derart miteinander verschmelzen, dass etwas gänzlich Neues entsteht und sie einzeln nicht mehr denkbar sind. Es ereignet sich Einheit in Vielfalt. Dort, wo vorher zwei Singles in ihrer Lebensgestaltung nur für sich selbst verantwortlich waren, übernehmen nun zwei Menschen füreinander Verantwortung in Lebensgestaltung und Lebensvollzug.

Das Bild und das Wesen der Ehe überträgt Gott selbst auf die Gottesbeziehung. So wie Mann und Frau zu einer Einheit werden, will auch Gott mit dem Menschen, mit dem ER in Beziehung lebt, EINSWERDEN und einen Weg der gemeinsamen Lebensführung gehen.

Israel und die Gemeinde

Im Alten Testament finden wir die Liebe Gottes zu SEINEM Bundesvolk, Israel, welches auch als die Frau des HERRN bezeichnet wird (Jes 54,5.6; Jer 2,2; Hes 16,8-14.20.21.32.38; Hos 2,18.20-22).

Im Neuen Testament finden wir die Liebe Christi zu SEINER himmlischen Braut, der Gemeinde (Eph 5,21-33). Auf die Hochzeit leben wir zu (2 Kor 11,2; Offb 19,6ff) und das bedeutet, Vereinigung mit Gott wird in diesem Leben nur Stückwerk sein (1 Kor 13,9-10.12). Die finale Vereinigung liegt für uns noch in der Zukunft. Und doch ist jetzt schon ein Leben möglich, in welchem wir mehr und mehr mit Gott eins werden können als Vorgeschmack auf das, was uns letztendlich erwartet (Offb 21-22).

Gott und du

Auch mit dir will Gott in einer Partnerschaft leben, in der ihr beide füreinander Verantwortung in Lebensgestaltung und Lebensvollzug übernehmt. Natürlich trägt Gott hier den größeren Teil, wie es Eltern für ihre Kinder nun einmal tun. Aber du bist an der Beziehung beteiligt und darfst deinen Teil dazu beitragen. Deine Anliegen werden Gottes Anliegen und SEINE Anliegen werden deine Anliegen.

[31] So seid nun nicht besorgt, indem ihr sagt: Was sollen
wir essen? Oder: Was sollen wir trinken? Oder: Was sollen wir
anziehen? [32] Denn nach diesem allen trachten die Nationen;
denn euer himmlischer Vater weiß, dass ihr dies alles benötigt.
[33] Trachtet aber zuerst nach dem Reich Gottes und nach seiner
Gerechtigkeit! Und dies alles wird euch hinzugefügt werden.

(Mt 6,31-33)

Wenn du Gottes Anliegen – SEIN Reich – in den Blick nimmst und dich darum kümmerst und dahinein investierst – in welcher Form auch immer –, wird ER deine Anliegen in den Blick nehmen und dich versorgen. Aber das ist kein Selbstläufer. Dein Vertrauen, ob Gott nun wirklich versorgt, wird immer wieder durch Herausforderungen und Zweifel auf die Probe gestellt. Aber das nur nebenbei. Und wahrscheinlich kennst du all das eh schon längst aus eigener Erfahrung.

Der Weg ins Innere

Auf dem Weg zum Herzen Gottes ... Ein Weg nach Hause.

Die Frage, die sich nun stellt, lautet: Wie bekomme ich einen Zugang zu Gott in mir und wie verbinde ich mich mit IHM? Wie kann Vereinigung mit Gott geschehen?

Im Grunde ist es ganz einfach, wie alle großen geistlichen Dinge einfach sind. Sie sind meist einfach zu verstehen und doch schwer umzusetzen und zu leben (vgl. 1 Jo 5,3).

Es handelt sich um einen Erfahrungsweg: Du darfst auf diesem Gebiet Erfahrungen machen und Einsichten gewinnen. Du kannst es nicht durch Worte lernen, auch wenn die Worte der Bibel Basis und Voraussetzung für diesen Weg sind.

Es ist unmöglich, zur Vereinigung mit Gott zu gelangen allein auf dem Weg der Theologie, des Bibelstudiums, der kognitiven Auseinandersetzung mit der christlichen Lehre, dem Einprägen geistlicher Wahrheiten und auch nicht mit der gängigen Lobpreis- und Anbetungspraxis. Dafür gibt es mehrere Gründe. Das Folgende scheint mir im Angesicht unserer Zeit am wichtigsten zu sein.

Gott kann nur durch Gott empfangen werden. Das heißt, ich brauche Gott durch den Heiligen Geist in mir, um einen Zugang zu Gott zu bekommen, um mit IHM verbunden zu werden (1 Kor 2,10-12). Ich kann das nicht machen, ich kann mich nur dem Wirken Gottes öffnen.

Mal ganz hart gesagt: Alle menschliche Leistung, so beeindruckend und gutgemeint sie auch sein mag, muss absterben. Je mehr ich aus der Aktion aussteige, desto mehr steigt Gott in die Aktion ein. Das ist das, was Paulus meint, wenn er schreibt:

> *und nicht mehr lebe ich, sondern Christus lebt in mir; was ich aber jetzt im Fleisch lebe, lebe ich im Glauben, <und zwar im Glauben> an den Sohn Gottes, der mich geliebt und sich selbst für mich hingegeben hat.* (Gal 2,20)

Um zwei Dinge zu vereinen, die so entgegengesetzt sind wie Gottes Göttlichkeit und die Menschlichkeit des Menschen, muss Gott auf besondere Weise wirken. Das kann nie von Seiten und durch die Eigenkraft des Menschen geschehen. Zwei Dinge können nicht eins werden, wenn sie keine Beziehung und Ähnlichkeit miteinander haben. Hier schafft Gott die Gleichheit zwischen dem Menschen und sich selbst, um eine Vereinigung zu verwirklichen.

Was unserer Vereinigung mit Gott entgegensteht:

1. Unbelehrbarkeit
2. Aktivismus

Unsere <u>Unbelehrbarkeit</u> zeigt sich an all den Stellen, wo wir meinen, es besser zu wissen als Gott. Ein Beispiel sind die zahllosen Burnoutfälle in christlichen Kreisen trotz eines total logischen Sabbatgebotes. Gott weist uns liebevoll darauf hin, dass Lebensgestaltung ein gutes Maß an Spannung und Entspannung braucht, aber wir heizen den Kessel an bis zum Burnout. Zu diesen Burnoutfällen zähle ich mich übrigens auch, denn ich meinte, es besser zu wissen als Gott. Und schon im Garten Eden meinten die Menschen, es besser zu wissen als Gott. Sie meinten ein Leben ohne Konsequenzen und Ungehorsam ohne Tod sei möglich. Falsch gedacht. Wer sich von Gott nichts sagen lassen will, dem hat Gott auch nichts zu sagen (vgl. Joh 7,17).

Auch unser Aktivismus wirkt der Vereinigung mit Gott entgegen. Gott ist in unendlicher Ruhe. Wo viel Gott und wenig Mensch ist, herrscht eine Ruhe, die lebhaftes Treiben nicht ausschließt. Ich denke einfach an einen mit Leben erfüllten Wald. Auch wenn er seine ganz eigenen Geräusche besitzt, herrscht eine Ruhe im Sinne von: Hier geht es nicht hektisch und getrieben zu, sondern alles steht im Einklang miteinander. Geräusche erwachen am Morgen und verstummen am Abend. Eine Anmut und Majestät erfüllt den Wald.

Damit wir mit Gott vereint werden können, muss unser Herz im Einklang mit SEINEM Herzen schlagen. Andernfalls kann unsere Seele nicht zur Einheit mit IHM kommen. Um zwei Dinge zu vereinen, müssen sie in einer verhältnisentsprechenden Ruhe sein. Hier ein Beispiel: Du hast ein Treffen mit einem Bekannten, einer Freundin, einem Freund. Du sitzt ruhig am Tisch und dein Bekannter rennt hektisch in der Gegend herum und ist andauernd mit seinem Smartphone beschäftigt. Wie viel Herzensbegegnung ist da zwischen euch möglich? Vielleicht verstehen wir nun besser, warum Maria das bessere Teil erwählt hat und nicht Marta (vgl. Lk 10,38-42).

Vereinigung geschieht nur zu Gottes Bedingungen und sie vollzieht sich nur in der Ruhe vor und in Gott.

Seid stille und erkennet, dass ich Gott bin! Ich will mich erheben unter den Völkern, ich will mich erheben auf Erden. (Ps 46,11; Luther, Hervorhebung durch den Autor)

Denn so spricht der Herr, HERR, der Heilige Israels: Durch Umkehr und durch Ruhe werdet ihr gerettet. In Stillsein und in Vertrauen ist eure Stärke. Aber ihr habt nicht gewollt. (Jes 30,15)

Vereinigung mit Gott kann nicht geschehen, wenn wir meinen, es besser zu wissen als Gott, wenn wir IHM unsere Bedingungen aufdrücken wollen. Und auch wenn wir rastlos in der Gegend herumrasen und nur noch Zeit für ein Losungswort am Morgen haben, welches wir auch noch beim Brötchenkauen nebenbei lesen, werden wir keine Vereinigung mit Gott erleben. Sorry, ist halt so.

Wenn du dich Gott hingibst, wird dich Gott mit sich selbst erfüllen. Die Frage ist nicht, wie viel du von Gott besitzt, sondern wie viel Gott von dir besitzen darf. Gott verschenkt sich ganz an dich. Gott steht dir mit allem, was ER ist und allem, was ER hat in jeder Sekunde des Tages voll und ganz zur Verfügung. Nun liegt es an dir, einen Prozess der Hingabe mitzugehen, einen Weg mit Gott mitzugehen, auf dem ER dein Herz Stück für Stück und mehr und mehr erobern und sortieren darf. Gott hat kein einnehmendes Wesen. ER wird nicht übergriffig, er zwängt sich dir nicht auf. ER wartet, bis du IHM die Tür öffnest (Offb 3,20), IHN einlässt, IHM Freiraum gibst und IHM erlaubst: „Ja, Gott, du darfst mich und mein Leben nach DEINEN Vorstellungen gestalten. Du bist der Schöpfer. Ich bin das Geschöpf. Du bist der Töpfer und ich bin der Ton in DEINEN liebenden und vertrauenswürdigen Händen. Du bist der Vater und ich bin DEIN Kind."

Aber machen wir uns nichts vor, Gestaltungs- und Erziehungsprozesse sind kein Ponyhof und es fühlt sich nicht immer gut an, wenn Gott in deinem Leben Hand anlegt. Aber es tut dir gut, auch wenn es sich mal nicht gut anfühlt.

Öffne dich dem Wirken Gottes IN dir und gib IHM die Gestaltungs- und Erziehungserlaubnis für dein Leben.

Gott ist in dir und will in dir handeln, aber nur mit deiner Erlaubnis. Mach dich auf den Weg in dein Inneres, um Gott zu finden und dich IHM zu überlassen.

Jesus spricht davon, dass ER und SEIN Vater in dem Gläubigen eine Wohnung beziehen.

Jesus antwortete und sprach zu ihm: Wenn jemand mich liebt, so wird er mein Wort halten, und mein Vater wird ihn lieben, und wir werden zu ihm kommen und Wohnung bei ihm machen. (Joh 14,23)

Damit wird der Weg ins Innere ein Weg nach Hause. Gott lädt dich ein: Komm nach Hause.

Zerstreuung

Auf dem Weg zum Herzen Gottes ... Hindernisse auf dem Weg.

Wir leben in einer nach außen orientierten Welt und das Leben findet zu einem großen Teil im digitalen Bereich statt. Wir sprechen von Globalisierung und weltweiter Vernetzung, welche zunehmend zu einer Verstrickung werden wird. Das Leben wird auf der einen Seite immer komplexer und auf der anderen Seite immer oberflächlicher. Wir werden bestimmt von Oberflächlichkeit und Zerstreuung. Dies ist die Lebenswirklichkeit, in der wir leben, es ist unser IST-Zustand, es ist der Geist unserer Zeit und wir sind Kinder unserer Zeit. Ob uns das gefällt oder nicht, es ist so. Wir sind vom Zeitgeiste geprägt und zum Teil davon begeistert, zum Teil irritiert und zum Teil abgestoßen, weil sich manches nicht mit unseren christlichen Werten vereinbaren lässt.

Diesen Ist-Zustand zu verteufeln, hilft keinem weiter. Aber wir dürfen auch nicht die Augen verschließen und denken, es wäre alles in Ordnung. In der Beziehung mit Gott dürfen wir lernen Verantwortung zu übernehmen und das Beste aus dem Leben zu machen, das uns von Gott gegeben ist.

Eine Gefahr unserer Zeit will ich an dieser Stelle klar benennen. Ohne Gott ist der Mensch ein verlorenes Wesen. Der Mensch verliert sich zunehmend. Er verliert sich in Vergnügungen, er verliert sich in digitalen Medien, er verliert Beziehungsqualität, er verliert seine Werte. All das und noch mehr fasse ich mit dem Wort ZERSTREUUNG zusammen.

Die Bibel spricht davon, dass Gott den Menschen *dahingegeben* hat (vgl. Röm 1,24.26.28). Das heißt, Gott überlässt den Menschen dem Weg, den der Mensch wählt. Es gibt keine Warn- und Weckrufe mehr. Gott schweigt. Das ist vermutlich die schlimmste Strafe, wenn Gott den Menschen sich selbst überlässt. Dieser Zustand wird am Ende der Zeit krasse Ausformungen annehmen, nämlich wenn die sich selbst überlassene Menschheit entscheidet Satan anzubeten (vgl. Offb 13). Die höchste Ausformung dieses Zustandes wird es in der Hölle, dem Feuersee, geben. Da ist der Mensch ganz sich selbst überlassen. Der Mensch, der nichts mit Gott zu tun haben will, ist Gott dann endlich los. Wer im Leben nichts mit Gott zu tun haben wollte, dem wird es auch nach seinem Tod nicht aufgezwängt. Der Mensch darf getrennt von Gott bleiben, seinem Willen und seiner Entscheidung entsprechend. Aber bleiben wir in der Gegenwart. Die Menschheit wird sich zunehmend selbst überlassen und verliert sich in Zerstreuung und in einem Zuviel: Zu viel Bequemlichkeit. Zu viel Arbeit. Vielleicht auch ein Zuviel an christlicher Aktivität.

Wie gestalten wir so unsere Gegenwart? Wie versteht und definiert man sich? Wie ist das Selbstverständnis?

Auf der einen Seite gibt es diejenigen, welche sich durch Widerspruch und Rebellion verstehen. „Wir machen alles anders und besser!" So ist die Parole. Wenn jemand anderes für A ist, dann sind diese Personen automatisch für Z. Dabei müssen sie Z gar nicht mal gut finden. Sie verstehen und definieren sich einfach dadurch, dass sie das Gegenteil tun oder meinen, immer querdenken zu müssen.

Auf der anderen Seite gibt es diejenigen, die sich anpassen und immer alles bewahren wollen. „Wir machen weiter wie bisher, denn das hat immer so funktioniert! War nicht immer gut, lief doch aber." So lautet der Schlachtruf, der sich gegen jede Art von Veränderung stellt. Wenn es einen Punkt „1." gibt, wird es bei solchen Menschen kein „2." geben, sondern nur „1.", „1.1.", „1.1a." usw.

Es gibt Christen, die sich grundsätzlich gegen alles Moderne stellen und an Traditionen festhalten, welche zu ihrer Zeit einmal modern waren. Und es gibt Christen, die es unbedingt anders machen müssen, als es bisher gemacht wurde, und die mit dem herrschenden Zeitgeist und der Gesellschaft assimilieren und dabei jegliche Wurzeln verlieren.

Nun, das Christentum hat seinen Ursprung und seine Werte in Christus, unabhängig von Umständen, Zeitgeist und Gesellschaft. Entspricht die Gesellschaft nicht diesen christlichen Werten, nun, dann steht man im Widerspruch zu ihr. So einfach ist das. Steht die Gesellschaft nicht im Widerspruch, kann man verhältnismäßig friedlich in ihr leben (vgl. Röm 13). Darum werden wir auch aufgefordert für die Regierung zu beten (Jer 29,7; 1 Tim 2,1-4). Über allem aber steht:

Man muss Gott mehr gehorchen als Menschen. (Apg 5,29[b])

Viele Christen meinen es sehr ernst und ehrlich mit ihrer Gottesbeziehung und tun viel und sind sehr geräuschvoll dabei. Aber mit Aktivismus in unseren Gemeinden und Lautstärke im Lobpreis kommen wir dem Herzen

Gottes nicht näher, auch wenn man emotionale Betroffenheit erlebt. Um dem Herzen Gottes näherzukommen, hilft keine menschliche Aktivität. Es geht nicht um die Frage, was wir für Gott tun, sondern was ER für uns tut und ob wir SEINEN Dienst an uns geschehen lassen. So beginnt schon der grundsätzliche Weg mit Gott. Jesus stirbt am Kreuz, ohne dass ich es verhindern oder darum bitten kann. Ich kann NICHTS tun, außer es annehmen oder ablehnen. So kommen wir Gott grundsätzlich nahe. Und um IHM nahe zu bleiben und um IHM immer näherzukommen, braucht es die innere Grundhaltung:

[4] Aber ich habe gegen dich, dass du deine erste Liebe verlassen hast. [5b] Denke nun daran, wovon du gefallen bist, und tue Buße und tue die ersten Werke! (Offb 2,4-5b; Hervorhebung durch den Autor)

[6] Wie ihr nun den Christus Jesus, den Herrn, empfangen habt, so wandelt in ihm, [7] gewurzelt und auferbaut in ihm und gefestigt im Glauben, wie ihr gelehrt worden seid, indem ihr überreich seid in Danksagung! (Kol 2,6-7; Hervorhebung durch den Autor)

Es braucht die Buße, das Umdenken, die fortwährende Rückkehr dazu, dass man Gottes Dienst nur an sich geschehen lassen kann. Eine demütige Passivität steht uns an der Stelle gut. Erst aus dieser Haltung heraus macht Aktivität Sinn, Aktivität in Gemeindearbeit, Mission, Lobpreis und Anbetung. Aus dieser Haltung heraus wird Aktivität eine Antwort auf Gottes Liebe zu uns. Passivität und Aktivität sind nicht gegeneinander auszuspielen. Letztlich gilt es, das eine zu tun und das andere nicht zu lassen. Es ist alles nur eine Frage der inneren Haltung.

Wie der Weg mit Jesus begann, indem ich mich IHM einfach übergab, so geht der Weg nun weiter mit einer täglichen Liebesbeziehung und Lebensübergabe. In all meiner Zerstreuung darf ich mich Tag für Tag (ein)sammeln und Jesus übergeben.

Sammlung

Auf dem Weg zum Herzen Gottes ... Was zerstreut ist, muss eingesammelt werden.

Das Mittel gegen Zerstreuung heißt Sammlung.

Sammlung bedeutet im Kern: Nimm dir Zeit, etwas zu tun! Haste nicht, sei nicht noch beim Vorherigen oder schon beim Kommenden. Sondern sei ganz bei dem, was du im Moment tust. Sei ganz im HIER und JETZT. Sei in dem einen Quadratmeter um dich herum und in der Gegenwart. Für diesen Raum und diese Zeit hat Gott dir Verantwortung gegeben.

Sammlung ist keine Konzentration. Die Konzentration fokussiert sich auf einen Punkt und schließt dabei alles andere aus. Die Sammlung aber schließt alles, was ist, ein. Und dabei darf alles sein, wie es erst einmal ist.

Wenn ich die Krankheit unserer Zeit mit
ZERSTREUUNG
benenne, dann heißt das Medikament
SAMMLUNG.

Sammlung ist kein Konzept, es ist eine Lebenshaltung, ein Weg, den man geht. Und so viel sei schon mal verraten: Die Sammlung ist der Weg vom sichtbaren Körper zum unsichtbaren Herzen. Die Sammlung beginnt, indem wir den Raum um uns und unseren Körper wahrnehmen. Das fällt uns am leichtesten. Dann geht der Weg weiter zu unserer Seele und führt dann zum Geist, dem Ort, wo Gott in uns wohnt. Aber dazu später mehr.

Schritt für Schritt zum Herzen Gottes

Auf dem Weg zum Herzen Gottes ... Ziel, Weg und Hindernisse

Wie kannst du den Weg ins Innere gehen? Wie kann die Vereinigung mit Gott, das EINSWERDEN mit IHM praktisch geschehen?

Als erstes braucht es die grundsätzliche Hinwendung zu Gott. Es braucht das Ergreifen der Hand dessen, der einem SEINE Hand schon lange entgegengestreckt hat. Es braucht die grundsätzliche Entscheidung: „Ja, ich entscheide mich, mit Jesus zu leben!"

Und dann ist es das tägliche Anhangen, welches der Anfang der Vereinigung ist.

Wer aber dem Herrn anhängt, ist {ein} Geist <mit ihm>. (1 Kor 6,17)

Du beginnst damit, dich Gott zuzuwenden, IHM, der sich dir schon seit ewigen Zeiten (vgl. 2 Tim 1,9-11) zugewandt hat. Du triffst in deinem Leben eine grundsätzliche Entscheidung für Gott. Du wendest dich IHM zu. Wie in der Ehe entscheidet man sich füreinander. Man entscheidet sich für eine lebenslange verbindliche Partnerschaft. Die einmal grundsätzlich getroffene Entscheidung wird ab nun jeden Tag neu getroffen. Jeder Tag ist eine Bestätigung für die Entscheidung, die man einmal füreinander getroffen hat. Die grundsätzlich getroffene Entscheidung ist ein Bund, den man eingeht, ein Wort, auf das man sich verlässt und welches der Beziehung Halt gibt. Aber erst die täglichen kleinen Entscheidungen bringen eine Haltung hervor. Ich entscheide mich grundsätzlich dafür, mich Gott zuzuwenden, aber ich muss mich täglich neu entscheiden, IHM zugewandt zu leben. Beziehungsbeginn und Beziehungsgestaltung sind die zwei Seiten einer Medaille.

Von der menschlichen Seite aus beginnt alles damit, sich Gott auszusetzen, damit SEIN Geist dich bewegen kann. Und dann lernt man im Laufe der Zeit, sich mehr und mehr dem Geist Gottes zu überlassen und sich von SEINEN Impulsen führen zu lassen, so wie ein Segelschiff vom Wind bewegt wird. Wenn du diese Haltung in deiner Gebetszeit übst, wirst du die Haltung auch zunehmend in deinem Alltag leben können. Du überlässt dein Leben der Führung und dem Wirken Gottes.

Lass DICH von Gott führen, so wie es IHM – sei es für dein inneres wie auch für dein äußeres Leben – gefällt.

Der Schlüssel zum Inneren ist das SICH ÜBERLASSEN. Das ist das Wichtigste auf dem ganzen Weg. Sich überlassen heißt, dass du dich von aller Sorge um dich selbst befreist, sie loslässt und dich ganz der Führung Gottes überlässt. Das SICH ÜBERLASSEN muss also, sowohl was das äußere wie auch das innere Leben betrifft, ein völliges SICH HINEINGEBEN in die Hände Gottes sein.

Die Vergangenheit vergessen, die Zukunft der Vorsehung überlassen und die Gegenwart Gott übergeben. Sei ganz im HIER und JETZT und suche GOTT IN DIR.

Das Ziel

Das Ziel der Gottsuche ist es, Gott zu finden und sich IHM zu überlassen. Sich Gott zu überlasen heißt Kontrolle abgeben und sich der göttlichen Wirkung auszusetzen. Auch deine „theologische Kontrolle" musst du dabei loslassen. Wer mit der Bibel in der Hand steif und fest behauptet, wie Gott zu sein, kann nicht loslassen und kann sich nicht überlassen. Gott und das Leben sind größer als wir und unsere Erkenntnis.

Zum Einswerden, zur Vereinigung mit Gott musst du dich IHM überlassen. Dann fängt Gott an, dich zu gestalten.

Im tiefsten Grund seines Herzens sucht der Mensch eine höhere Macht, der er sich übergeben und überlassen kann. Diese höhere Macht – Gott – ist genau das, was der Mensch zusammen mit dem Paradies, dem Garten Eden, verloren hat. Wer Jesus nicht findet, übergibt sich einer substituierten Macht, der Religion, der Philosophie oder irgendeiner Ideologie. Oder er macht sich einfach selbst zum Gott und zum Maß aller Dinge. Wenn das jeder macht, kann nur noch das Recht des Stärkeren zählen. Der Mensch erhebt sich zur höchsten Instanz und Macht und erhebt sich über alles, was Gott heißt, das ist der stärkste Ausdruck antichristlichen Verhaltens (2 Thes 2,4). Das Ziel christlichen Verhaltens liegt darin, seinen Platz unter einem liebenden und machtvollen Gott einnehmen zu dürfen und sich IHM zu überlassen.

Der Weg

Der Pfad, den man auf dem Weg zum Herzen Gottes geht, ist ein Beziehungsweg. Denn lustigerweise geht man diesen Weg mit Gott gemeinsam. Gott selbst ist mit dir unterwegs, um dich zu SEINEM Herzen zu führen. Du darfst jetzt schon diesen Weg als etwas Kostbares ansehen und ihn genießen und musst nicht auf irgendetwas warten. Das, was jetzt ist, ist jetzt in Ordnung. Du gehst diesen Weg mit Gott und du machst auf diesem Weg eine Entwicklung durch. Dabei nimmt dein eigenes Agieren und dein eigenes Reden ab und das Schweigen nimmt zu. Du weichst immer mehr dem Wirken Gottes und lässt IHN die Oberhand gewinnen. Wenn du redest, kannst du Gott nicht zuhören. Und wenn du aktiv bist, kannst du dich SEINEM Wirken nicht überlassen. Erst im Stillsein kannst du IHN hören. Und erst wenn du dich IHM überlässt, kann ER handeln und dich nach SEINEN guten und liebevollen Vorstellungen gestalten.

Die Hindernisse

Wir sprachen bereits über das Hindernis ZERSTREUUNG, welches durch einen Lebensstil der SAMMLUNG überwunden wird.

Zwei weitere Hindernisse auf dem Weg zu Gottes Herzen möchte ich an dieser Stelle noch nennen.

Das erste Hindernis ist Satan. Selten ist er persönlich bei uns am Werk, sondern wird meist repräsentiert durch seine dämonischen Engel. Misstrauen (1 Mo 3,1) und

Angst (1 Petr 5,8) sind zwei gängige Waffen, mit denen wir attackiert werden. Zum einen das Misstrauen, dass Gott es wirklich gut mit uns meint. Wer nicht bereit ist, Gott zu vertrauen, oder IHM zumindest einen Vertrauensvorschuss zu geben, wird sich nicht auf den Weg zum Herzen Gottes begeben. Und zum anderen ist da die Angst. Da ist die Angst, Kontrolle abzugeben. Da ist die Angst, man könnte an der Wahrheit vorbeileben und einer Lüge auf den Leim gehen. Da ist die Angst, dass Gott vielleicht doch nicht so mächtig ist, um einen vor einem Irrweg bewahren zu können. Da ist die Angst vor dem Unbekannten, dem Unkontrollierbaren. Angst haben ist nicht schlimm. Nur wer Angst hat, kann auch mutig sein. Es ist eine Entscheidung: Bleibt man ängstlich im Arbeitszimmer sitzen oder begibt man sich mutig auf eine Abenteuerreise, um einen Schatz zu heben? Diese Frage muss jeder für sich vor Gott beantworten. Satan und seine Engel haben ihren Job gut gemacht, wenn du in deinem Arbeitszimmer sitzen bleibst, beschäftigt mit christlicher Theologie und geistlichen Wahrheiten. Da kannst du noch so viel deine Schatzkarte (die Bibel) lesen und studieren. Es hat keine Auswirkungen auf dein Leben und keinen Einfluss auf diese Welt, die so sehr Gott braucht. Gott will in dir aktiv sein und in diese Welt durch dich hineinwirken.

Das zweite Hindernis ist das ICH, welches in vielerlei Hinsicht hinderlich sein kann. Bei dem einen ist es der Stolz, die Unbelehrbarkeit, die Uneinsichtigkeit. Man will selber festlegen, wie und auf welche Weise man zum Herzen Gottes kommt. Man hat seine Gottes-, Menschen- und Weltsicht und erhebt sie zum Maß aller Dinge. Wer uneinsichtig ist und sich nicht belehren lässt, widerstrebt damit auch aller Veränderung und Gestaltung durch Gottes Wirken. Bei einem anderen ist es die Bequemlichkeit, sich auf den Weg zu machen und dabei auch Unannehmlichkeiten und sogar Enttäuschungen in Kauf zu nehmen. Satan muss manchmal nur unsere Bequemlichkeit bedienen, um uns aus dem Rennen zu nehmen. Bequeme Menschen kämpfen nicht. Bequeme Menschen überwinden nicht. Bequeme Menschen vermeiden Unannehmlichkeiten und Enttäuschungen. Aber jede Beziehung bringt Unannehmlichkeiten und Enttäuschungen mit sich. Auch die Beziehung mit Gott. Man muss sich selbst zurücknehmen und sich auf seinen Beziehungspartner einlassen. Und beim Kennenlernen merkt man, wie der Beziehungspartner wirklich ist – oft ganz anders, als man ihn sich anfangs vorgestellt hatte. Du kannst nicht in der Bibel lesen und weißt dann über Gott Bescheid. Du lernst Gott kennen, indem du mit IHM lebst, mit IHM auf dem Weg bist und IHM erlaubst, mit DIR auf dem Weg zu sein. Und auf diesem Weg und in deinen Lebenserfahrungen lernst du Gott persönlich kennen so wie ER ist und nicht, wie du ihn gern hättest.

Sich mit Gott auf den Weg zu SEINEM Herzen zu machen, davon handelt nun der zweite Teil. Ich mache dir Mut, diese Schritte zu gehen, die Schritte:

Auf dem Weg zum Herzen Gottes …

Teil II:

Schritte auf dem Weg zum Herzen Gottes

Das Wesen des Weges

Auf dem Weg zum Herzen Gottes ... Dem Geist Raum geben.

In seiner Lebensentwicklung ist man anfangs mit Identitätsfragen beschäftigt. Wer bin ich? Diese Frage zu klären ist wichtig. Oft taucht diese Frage in der Lebensmitte wieder auf. Auch die Fragen nach dem, was man will und was man kann, sind Fragen, die man in seinem Menschsein beantworten muss und die in neuen Lebensphasen auf Grundlage von neuen Lebenserfahrungen neue Antworten verlangen. Zuerst ist man in seinem Leben und auch in seinem Christsein mehr damit beschäftigt, wer man ist, was man so will und was man kann. Man ist damit beschäftigt, seine von Gott gegebene Identität und SEINE Gaben zu entdecken. Gott ist in dieser Phase oft mehr Wunscherfüller, Umsetzungsgehilfe oder wird als Alltagsbewältiger verstanden. Erst im Laufe der Zeit und im Fortschreiten des Lebens rückt die schlichte, einfache Beziehung zu IHM in den Fokus. Ich vermute bei dir ist das gerade so, denn ansonsten würdest du dieses Buch hier nicht lesen.

Hier, im zweiten Teil werden wir uns nun eine Lebenshaltung ansehen, die mit einer Gebetsart eingeübt wird. Bei dieser Art zu beten fallen alle Selbstdarstellung und aller Eigennutz weg. Allein die Beziehung zu Gott rückt in das Zentrum der Aufmerksamkeit. Diese Art zu beten können wir nicht MACHEN, wir können uns nur der Wirklichkeit Gottes aussetzen.

Wir befinden uns auf der Route:

Auf dem Weg zum Herzen Gottes ...

Wir werden nicht bei den theoretischen Erwägungen des ersten Teiles stehenbleiben, denn damit kommen wir schlussendlich keinen Schritt voran. Nach dem Hören der Theorie braucht es das praktische Tun (Jak 1,22-23.25).

Gottes Wahrheiten sind keine abstrakten Ideologien, sondern vollziehen sich im praktischen Leben. Gott will Praxisnähe und Nachhaltigkeit. Wie sehen nun die praktischen Schritte auf dem Weg zum Herzen Gottes aus?

Ich sprach darüber, dass sich Gottesbegegnung auf drei Ebenen vollzieht:
- in der Natur (Gott um uns),
- in der Begegnung mit Glaubensgeschwistern (Gott unter uns),
- in der Begegnung mit Gott im eigenen Herzen (Gott in uns).

Und ich erwähnte schon, dass dieser Weg konkret mit unserem Menschsein in Zusammenhang steht, mit unserer Einheit von:
- Körper,
- Seele
- und Geist.

Im Folgenden werden wir den Fokus auf die Begegnung mit Gott im eigenen Herzen richten. Im Kern geht es dabei darum, den Körper und die Seele bewusst in eine künstliche Langeweile zu versetzen, um dem Geist Raum zu geben. Körper und Seele dürfen pausieren, zurücktreten, um nun dem Geist den Vortritt zu lassen. Körper und Seele werden in einen Zustand der Ruhe geführt und das fühlt sich einfach langweilig an und das gerade in einer Zeit, wo wir es gewohnt sind, in jeder Sekunde, in der wir nicht schlafen, etwas zu tun. Körper und Seele sind in diesem Zustand der Ruhe, in welcher künstliche Langeweile entsteht, scheinbar unterfordert. Sie haben nichts zu tun, als nur da zu sein.

Das ist aber einfacher gesagt als getan. Gerade in unserer Kultur leben wir Strebsamkeit, vermeiden Müßiggang. Bloß keine Zeit verschwenden. Alles wird effizient gestaltet. Den Weg zu gehen, auf dem Körper und Seele zur Ruhe geführt werden, fällt einem nicht über Nacht zu. Dieser Weg ist kein Gebetsstil, den man sich aneignet, sondern ein Lebensstil, den man über längere Zeit einübt. Das Ziel bei allem ist es, dem Herzen Gottes näherzukommen. Darin liegt alle Inspiration und Motivation, diesen Weg zu gehen. Und es dauert einfach, dem Herzen einer anderen Person näherzukommen. Das ist so, bei Menschen wie auch bei Gott.

Körper und Seele zur Ruhe zu führen ist hier kein Selbstzweck, keine Seelenwellness. Auch wenn die Ruhe guttut und heilende Wirkung in sich birgt. Aber diese Ruhe verstehe bitte als Mittel zum Zweck, als eine Notwendigkeit, um sich dem Geist zuzuwenden und um ihm Raum zu geben.

Wer sich auf einen Weg macht, der kann nicht alles mitnehmen. Er muss immer jemand oder etwas loslassen und zurücklassen, um gehen zu können. Ja, es liegt ein

Verlust hinter einem. Hier, in unserem Fall ist es erst einmal ein Verlust an vertrauter Aktion. Wer an seinen Verlusten festhält, der ist blockiert (Lk 9,62). Wenn du meinst, in deiner Gebetszeit irgendetwas machen zu müssen, wirst du auf dem im Folgenden beschriebenen Weg nicht vorwärtskommen. Wenn du dich auf den Weg machst, blicke nach vorne, auf das Ziel, auf das, was dich auf dem Weg erwartet. Blicke auf deinen Gewinn, dem Herzen Gottes näherzukommen. In diesem Ausblick liegt Inspiration und Motivation. Es gibt nicht mehr, aber auch nicht weniger. Wem das nicht ausreicht, der wird diesen Weg nicht gehen können. Denn auf dem Weg wird es Schwierigkeiten geben, die zu überwinden sind. Auf jedem Weg gibt es Hindernisse.

Hindernisse aus dem Weg räumen

Auf dem Weg zum Herzen Gottes … Man muss ausräumen, bevor man einräumen kann.

Als Hindernisse haben wir zwei Punkte benannt:

1. Satan, meist repräsentiert durch einen oder mehrere seiner Dämonen. Abhalten und verzerren sind seine Taktiken. Wen er nicht abhalten kann, den Weg mit Gott zu gehen, den versucht er mit überformten und verzerrten Praktiken vom Weg abzubringen.

2. Das ICH, welches auf vielfältige Weise zum Hindernis auf dem Weg zum Herzen Gottes werden kann. Im Kern geht es aber immer darum, dass man sich selbst wichtiger ist, als einem Gott wichtig ist. Das ICH wird dabei zum Gott.

Das Hindernis Satan überwinden:

[7] Unterwerft euch nun Gott! Widersteht aber dem Teufel! Und er wird von euch fliehen. [8] Naht euch Gott! Und er wird sich euch nahen. Säubert die Hände, ihr Sünder, und reinigt die Herzen, ihr Wankelmütigen! (Jak 4,7-8)

Satan widerstehe ich, indem ich mich Gott unterordne. So schreibt es hier Jakobus und den gleichen Ansatz lesen wir auch bei Petrus (vgl. 1 Petr 5,6-9). Ich gebe Satan nach, wenn Misstrauen Gott gegenüber oder wenn Angst mein Leben bestimmen darf. Gott lädt zum Überwinden ein (2 Tim 1,7). Wenn du Gott ernster nimmst als dein Misstrauen und deine Angst, hast du Satan überwunden. Dein Sieg liegt darin, dich aufzumachen und die Nähe Gottes zu suchen. Und wenn du dich aufmachst, wirst du Gott begegnen. Begegnung erfordert ein beidseitiges Aufmachen. Gott kommt dir entgegen, an IHM liegt es nicht. Damit Begegnung stattfinden kann, müssen wir uns aufmachen. Und wenn wir das tun und Gottesbegegnung erleben, erkennen wir, dass Gott schon lange gewartet hat, dass ER ganz nah bei uns war und dass es nur einen Schritt unsererseits erforderte. Gott geht 99 % des Weges auf uns zu und wir dürfen respektvoll unsere 1 % beitragen.

Doch ich habe Angst, es könnte euch etwas von eurer reinen und <u>schlichten Hingabe an Christus</u> abbringen, so wie Eva von der Schlange getäuscht wurde. (2 Kor 11,3; Neues Leben Bibel, Hervorhebung durch den Autor)

Wen Satan nicht durch Sünde zu Fall bringt und wen er vom Weg nicht abhalten kann, den bekommt er durch ein Zuviel und durch abartig verzerrte und überformte Handlungen. Um vom Weg nicht abzukommen, kann es eine Hilfe sein, den Herzschlag, die Mitte des Weges im Blick zu behalten. Und das ist die schlichte Hingabe an Christus. Ich lasse los und überlasse mich ihm und stelle mich unter SEINE Herrschaft. Dem steht allerdings das nächste Hindernis entgegen.

Das Hindernis ICH überwinden:

Unser größtes Problem ist es, dass wir unser eigener Gott sein wollen. Diesen Samen hat Satan der Menschheit eingepflanzt und dämonisches Wirken fördert das Wachsen und Gedeihen, damit satanische Frucht entsteht. Die

Frucht heißt: Wir meinen es besser zu wissen, besser zu wissen als Gott. Das ist so. Und ehrlich gesagt WOLLEN wir oft keine Stille-Zeit machen. Warum nicht? Weil wir keinen Gewinn davon haben. Es macht keinen Spaß, es ist anstrengend, ich habe einfach keinen Nutzen davon, nur Unannehmlichkeiten. Ich habe Besseres zu tun. Das ist einfach so. Darum ist die einzige Möglichkeit, das Hindernis ICH zu überwinden, die demütige Einsicht, dass ich es mir nur von Gott schenken lassen kann. Erst aus dieser Einsicht stelle ich die Bitte an Gott: „Jesus, bitte mach DU mir die Stille-Zeit lieb und wertvoll. Jesus, bitte nimm DU doch Einfluss auf meinen Willen, dass ich die Stille-Zeit tun will und mich nicht nur aus christlichem Pflichtbewusstsein heraus dafür entscheide." Das Hindernis ICH überwinde ich nur mit Einsicht und einem Hilfeschrei, der sich in einem Gebet manifestiert (Röm 7). Wer weiß, was so ein Gebet auslösen kann …

Eine Frage: Wie viel darf Gott von dir besitzen? Wenn du möchtest, dass Gott mehr von dir besitzt, geht es nur so: Räume auf. Da wo Ordnung entsteht, entsteht Platz für Neues, weil zum einen aussortiert wird und weil Bleibendes ordentlich einsortiert wird.

Zwei praktische Punkte, wie du aufräumen kannst.

Als erstes möchte ich dir einen sogenannten Beichtspiegel nahelegen. Das ist ein Hilfsmittel zur Gewissenerforschung. Ein Beichtspiegel enthält Fragen zu verschiedenen Lebensbereichen. Er dient so der Selbstprüfung und als Unterstützung des Gedächtnisses, weil man ja so manches gern vergisst. Am einfachsten ist es, hier die 10 Gebote zu nutzen und sie einfach mal durchzugehen. Es geht nicht darum, Gebote zu erfüllen, um von Gott geliebt zu werden. Bei weitem nicht. Nein, es geht darum, an deiner Gottesbeziehung zu arbeiten und mit Gottes Werten und SEINEN Moralvorstellungen konfrontiert zu werden. Es geht darum, sich Gottes Wort auszusetzen mit der Frage: „Jesus, wo hakt es in unserer Beziehung?" Wenn wir Jesus so begegnen, wird ER uns auf Punkte aufmerksam machen, die IHM wichtig sind. ER wird es tun, weil ER ein Interesse an einer gelingenden Beziehung mit dir hat. Von daher hat ER ein Interesse Hindernisse aus dem Weg zu räumen. Von SEINER Seite her ist alles klar. Nur von unserer Seite kommen die Hindernisse ins Spiel. Bestes Beispiel dafür, wie wichtig es Jesus ist, Beziehungshindernisse aus dem Weg zu räumen, sind die sieben Sendschreiben (vgl. Offb 2-3). Hören, was der Geist sagt, und Buße tun, also umdenken und von einem falsch eingeschlagenen Weg umkehren ist das, wozu Jesus einlädt.

Also, höre auf den Geist, indem du dich dem Wort Gottes aussetzt.

Es geht nicht um eine Fehlersuche, sondern es geht darum, Hindernisse wahrzunehmen und zu beseitigen. Sünde ist ein Hindernis. Sünde trennt. Die grundsätzliche Trennung ist aufgehoben und der Beziehung mit Gott steht nichts mehr im Weg. Der Vorhang ist nach wie vor zerrissen, er wurde von Gott nicht geflickt und nicht wieder zusammengenäht. Gott ist dein Vater und du bist SEIN Kind. Das ist eine unzerbrechliche Beziehung, denn Kindschaft kann nicht enden, sie bleibt über den Tod hinaus bestehen. Biblisch gesehen endet die Ehebeziehung mit dem Tod (Röm 7,3). Aber ein Kind bleibt ein Kind seiner Eltern. Gott hat hier ein starkes Bild gewählt und mit der Wiedergeburt eine unabänderliche geistliche Tatsache geschaffen. Wir sind Kinder Gottes und leben in dieser unzerstörbaren Beziehung mit Gott, unserem himmlischen Vater (1 Jo 3,1-2). Aber die liebevolle Gemeinschaft ist ein kostbares und zartes Gut. Wir verlieren sie und das ist in Ordnung, weil wir einfach Menschen sind. Aber wir dürfen sie immer wieder zurückgewinnen und Hindernisse aus dem Weg räumen.

Mein Tipp an dieser Stelle: Geh einmal mit einem Beichtspiegel schwanger. Nimm dir dafür ruhig mal zwei Wochen oder sogar einen Monat Zeit. Mit dem, was dort ans Licht kommt, gehe ins Gespräch mit einem anderen Christen, um das, was du erkannt hast, vor Gott und einem Zeugen zu bekennen und damit der Zeuge dir, stellvertretend für Gott, Vergebung und Versöhnung zusprechen kann.

Ein zweiter Punkt, den ich benennen möchte, um aufzuräumen: In gute Ressourcen investieren

Blicke auf das Gute in deinem Leben. Welche Beziehungen, Herzensanliegen und Fähigkeiten, welche guten Ressourcen hat Gott dir gegeben? Investiere in diese Bereiche und nutze sie. Es hat gute Auswirkungen, wenn wir uns mit dem Guten beschäftigen.

Beim Bild der Ehe sprachen wir davon, dass man sich in einer Beziehung um die Anliegen des anderen kümmert. Wie kannst du dich um Gottes Anliegen kümmern? Investiere in das Reich Gottes mit den guten Möglichkeiten, die du hast. Im Grunde gibt es hier zwei Möglichkeiten:

1. Mittun
2. Geben

MITTUN bedeutet einfach, sich mit seinen Fähigkeiten einzubringen. Und GEBEN bedeutet schlicht, Mittel zur Verfügung zu stellen. Das können GEISTLICHE MITTEL wie z.B. Gebet sein oder aber MATERIELLE MITTEL wie z.B. finanzielle Unterstützung. Du kannst das auch mal gut für längere Zeit in deiner Gebetszeit mit reinnehmen und mit Jesus darüber reden, wie und wo du dich in SEINEM Reich investieren kannst. Nimm Anteil am Reich Gottes, dem weltweiten, größten und ältesten Familienunternehmen der Welt. Es lohnt sich in dieses Unternehmen zu investieren, denn es ist absolut zukunftsträchtig.

LEBENSWEISE

Auf dem Weg zum Herzen Gottes ... Was du säst wirst du ernten.

Gott ist Leben (Joh 11,25; 14,6; 1 Jo 5,11-13.16.20). Leben strebt nach Entfaltung. Der Geist Gottes darf – soll ER sich in uns entfalten – nicht durch Druck, z.B. Zeitdruck eingeengt werden. Auch nicht durch eine theologische Enge. Der Geist braucht eine LEBENSWEISE, die Freiraum, Lebensraum und Entfaltungsraum ermöglicht, damit JESUS mit SEINEM Geist und SEINER Kreativität in und durch deinen Geist und deine Kreativität wirken kann. Wir dürfen Gottes Geist in uns nicht als ein theologisches, theoretisches ETWAS betrachten, sondern als einen praktischen, persönlichen JEMAND, nicht abstrakt, sondern sehr konkret und eher organisch (Eph 4,30; 1 Thes 5,19), auch wenn Gott natürlich Geist ist und keine Materie (Joh 4,24).

Wie hast du dein Leben eingerichtet? Mal ganz ehrlich?

Möchtest du über Gott verfügen, IHN in deine Vorstellungen pressen? Muss Gott so sein, wie du es willst, oder darf ER bei dir sein, wie ER ist? Was passiert in einer Freundschaft, wenn du dein Gegenüber in deine Schubladen steckst? Du entwickelst eine Erwartungshaltung, wie der andere sich zu verhalten hat, und das wird unweigerlich zu Enttäuschungen führen.

Wie viel Raum bekommt Gott in deinem Leben? Was passiert mit einer Freundschaft, in die man nicht investiert? Man entfremdet sich.

Es ist deine Entscheidung, ob du dir eine Lebensweise aneignest, in der Raum, Zeit und Stille entsteht, um Gott zu begegnen und ihn wahrzunehmen. Du brauchst eine LEBENSWEISE der Sammlung, um Gottes Herzen näherzukommen. Deine Lebensumstände machen es dir dabei aber nicht leicht und es wird immer schwerer werden. Da sind die Familie und die Freunde, da ist der Ehepartner, da sind die Kinder, die Schule, der Job, die Gemeinde und der Alltag und obendrauf noch die Hobbys und das Smartphone. Nichts davon fördert eine Lebenshaltung der Stille. Aber alles Genannte gehört zum Leben dazu und verdient angemessene Liebe und Aufmerksamkeit. Es ist deine Verantwortung, in deinem Leben Raum zur Gottesbegegnung zu schaffen. Das ist das 1 %, das du zu Gottes 99 % beizutragen hast. Vielleicht muss sich da manches ändern. Musst du den Job, den du machst, wirklich machen, wenn er dir so viel abverlangt? Musst du dein Hobby wirklich so intensiv pflegen, wie du es tust? Muss deine Beziehung zu deinem Partner oder deinen Kindern so angestemmt bleiben und dir so viel Kraft rauben oder ist es nicht endlich an der Zeit, sich Hilfe und Beratung zu suchen, damit sich etwas ändert?

Du entscheidest, wie du dein Leben gestaltest. Und auch du stehst unter dem göttlichen Prinzip von Saat und Ernte.

[7] Irrt euch nicht, Gott lässt sich nicht verspotten! Denn was ein Mensch sät, das wird er auch ernten. [8] Denn wer auf sein Fleisch sät, wird vom Fleisch Verderben ernten; wer aber auf den Geist sät, wird vom Geist ewiges Leben ernten. (Gal 6,7-8)

Gott selbst hat sich diesem Prinzip unterstellt und es gelebt (Lk 2,52; Phil 2,5-11; Hebr 5,7-10). Wer sind wir, dass wir meinen, wir könnten uns über dieses geistliche Prinzip hinwegsetzen? Das haben schon ganz andere – Adam und Eva (1 Mo 3) – versucht.

Die Stille und das Schweigen

Auf dem Weg zum Herzen Gottes ... Ein Weg, der zur Ruhe führt.

Denn so spricht der Herr, HERR, der Heilige Israels: Durch Umkehr und durch Ruhe werdet ihr gerettet. In Stillsein und in Vertrauen ist eure Stärke. Aber ihr habt nicht gewollt. (Jes 30,15)

Ich habe die ZERSTREUUNG als Krankheit unserer Zeit benannt. Das Medikament heißt SAMMLUNG. Stille und Schweigen sind der Nährboden, aus welchem die Sammlung erwächst.

Die Stille beschreibt einen äußeren Rahmen.

Hier gestaltest du dein Umfeld. Das gehört mit zu deinem 1 % in der Gottesbegegnung. In deiner Gebetszeit brauchst du ein stilles, störungsarmes Umfeld. Konkret heißt das, dass hier kein Telefon klingelt und auch keine Unordnung und keine herumliegenden unerledigten Aufgaben dich ablenken. Bei den meisten Menschen ist es der frühe Morgen, der am ehesten diesen äußeren Rahmen der Stille bietet. Es braucht den Rahmen der äußeren Stille, um zu einer inneren Stille gelangen zu können, die nötig ist, um sich seinem Geist und damit Gottes Geist im menschlichen Geist zuzuwenden.

Das Schweigen beschreibt die innere Haltung.

In einem Rahmen der Stille kann ich schweigen, mich Gott zuwenden und auf IHN hören. Es ist notwendig, mit dem Mund zu schweigen, um innerlich schweigen und zur Ruhe kommen zu können.

Ich kann Gott nicht hören, wenn ich rede. Und ich kann Gott nicht wahrnehmen, wenn ich von anderen Dingen abgelenkt bin. Ich kann nicht gleichzeitig äußerlich von tausend Kleinigkeiten abgelenkt und innerlich auf Gott ausgerichtet und von IHM ausgefüllt sein. Äußere Ablenkung führt zur Zerstreuung oder fördert diese zumindest. Und es gehört zu unseren menschlichen Schwächen, dass wir uns nur allzu gerne zerstreuen lassen.

Dein Beitrag auf dem Weg zum Herzen Gottes, dein EINES Prozent ist es, eine Form des stillen Betens zu entwickeln. Du gestaltest einen Rahmen der Stille und in diesem Rahmen schweigst du. Diese Art zu beten ist keine Leistung, sondern das Aufgeben aller Leistung und allen Tuns und das Aushalten des Nichtstuns. In diesem Nichtstun ereignen sich die größten Dinge, ohne dass du es unbedingt spüren musst.

Übung: Setzt dich bitte bei nächster Gelegenheit mal hin, stelle einen Wecker oder Timer und mache fünf Minuten nichts. Schreib danach auf, wie es dir dabei ging. Was fiel dir schwer?

Die Gestaltung der Gebetszeit

Auf dem Weg zum Herzen Gottes ... Beziehungen wollen gestaltet werden.

Hast du die Übung im vorherigen Kapitel gemacht? Wenn nicht, mache ich dir Mut und hole sie jetzt nach. Gönne dir diesen Erfahrungswert und schreibe ihn dir ruhig auf.

Wie geht es dir mit dem Nichtstun? Es ist schwierig, nicht wahr? Als Kinder unserer Zeit sind wir alle zu Aktivisten geworden und das betrifft auch unsere Glaubenspraxis. Wir sind aktiv mit unseren Körpern, machen Sport und gehen Hobbys nach. Jede freie Minute ist ausgefüllt. Es gibt keine Zeiten, wo man einfach nur dasitzt. Und wenn, dann wird der Fernseher angemacht, ein Film gestreamt, auf dem Smartphone rumgetippt oder bestenfalls ein Buch gelesen. Und schon wieder macht man etwas. Auch mit unseren Seelen sind wir andauernd beschäftigt. „Wie geht es mir?" „Was will ich?" Andauernd sind wir mit Reflektionen und Entscheidungen für oder gegen etwas zugange. Die eben genannten Fragen sind im Übrigen noch gar nicht so alt, sie sind eher moderner Natur. Die Fragen an sich sind auch nicht schlecht und in gutem Maß sogar lebensförderlich. Die Frage ist, wie viel Raum sie einnehmen. Denn diese Frage führen dazu, sich mit sich selbst zu beschäftigen, und das birgt die Gefahr, sich übermäßig mit seinem Ego zu befassen und permanent um sich selbst zu kreisen.

Bei all dem Beschäftigtsein mit dem Körper und mit der Seele kommt der Geist in uns zu kurz. Es ist schwierig, den Geist zu beschreiben, denn es fehlen uns empirische Daten. Der Geist ist nicht anfassbar wie der Körper und nicht analysierbar wie die Seele. Vielleicht einmal so: Der Geist in uns hat eine ganz andere und ganz eigene Dynamik und Kraft als der Körper und die Seele. Der Geist ist nicht immer aktiv, er handelt, aber zur richtigen Zeit. Der Geist ist nicht andauernd und penetrant mit irgendetwas oder irgendjemandem beschäftigt. Er beschäftigt sich, aber zur richtigen Zeit, wenn es dran ist, und in dem Maß, wie es angemessen ist. Die Kraft zum Handeln gewinnt unser Geist in der Stille. Das ist sicher ein Grund, warum Jesus in SEINEM doch recht aktiven Lebensstil die Stille suchte (vgl. Mk 1,32-39). Wir brauchen die Stille, um dem Geist Raum zu geben, denn der Geist ordnet sich dem Körper und der Seele unter. Der Geist tritt hinter dem Körper und der Seele zurück. Wenn Körper und Seele in zunehmendem Maß aktiv sind, wird der Geist passiv. Der Geist wird erst aktiv, wenn wir ihm aktiv Raum geben und den Körper und die Seele zurücknehmen. Wir müssen sozusagen in aktiver Weise passiv werden. Und genau das geschieht in der Stille. Wir brauchen die Stille, um uns unserem Geist zuzuwenden. Und wir wenden uns ihm zu, weil der Geist in uns der Ort ist, an dem Gott sich mit SEINEM Heiligen Geist verortet hat. Und letztendlich ist es Gottes Geist, der durch den Geist des Menschen wirkt, und des Menschen Geist stellt den Wohnraum dar.

Wir können in unserer Gebetzeit einen Weg zum Herzen Gottes gehen. Praktisch vollzieht sich dieser Weg über unser geschaffenes Menschsein. Das Verstehen von Körper, Seele und Geist ist der Schlüssel.

Der Körper ist feste Materie. Damit ist der Körper greifbar und erlebbar. Der Körper ist materiell. Er befindet sich in einer materiellen Welt, die ihn umgibt und die auch greifbar und mittels unserer Sinneswahrnehmungen erlebbar ist.

Die immaterielle Seele umfasst unsere Emotionen. Diese sind nicht anfassbar, aber sie sind für uns fühlbar, sie sind nachvollziehbar und für unser Umfeld erlebbar. Das, was in der Seele geschieht, wie zum Beispiel Trauer oder Freude, wird mittels des Körpers zum Ausdruck gebracht. Tränen fließen oder die Arme werden jubelnd nach oben gerissen. Auch unsere unsichtbaren Gedanken und die Willensentschlüsse, die sich in unserer Seele abspielen, werden erst durch unseren Körper sichtbar und greifbar.

Wie die Seele ist auch der Geist von seinem Wesen her immateriell. Er ist der Wohnort des Heiligen Geistes. Ich kann nicht über den Heiligen Geist verfügen, sondern mich ihm nur öffnen, damit ER über mich verfügt, aufzwingen wird ER sich mir nicht. Auch dass Gott über mich verfügt, ist erlebbar. Ich kann über Gott nicht verfügen, aber ich kann mich IHM zur Verfügung stellen, mich IHM und SEINEM Wirken überlassen und staunen, was dann geschieht.

Auf dem Weg zum Herzen Gottes geht der Mensch den Weg hin zu Gott den Gott von SEINER Seite aus schon lange vorbereitet hat. Hier geschieht buchstäblich, was im Epheserbrief steht:

Denn wir sind sein Gebilde, in Christus Jesus geschaffen zu guten Werken, die Gott vorher bereitet hat, damit wir in ihnen wandeln sollen. (Eph 2,10)

Es gibt drei Schritte, die du auf dem Weg zum Herzen Gottes gehst. Im Bild gesprochen: Gehe diese drei Schritte in der richtigen Reihenfolge und nacheinander, ansonsten stolperst du.

Alles beginnt mit deinem Körper. Warum? Weil er für uns am greifbarsten und präsentesten ist. Der Körper ist ganz in der Gegenwart, im HIER und JETZT umgeben von einer spüren, erlebbaren Umwelt. Wir werden über den Körper den Weg hin zur Seele und dann weiter zum Geist gehen.

Der erste Schritt: Der Körper

Der Gebetsspaziergang

Dein Körper ist immer ganz im HIER und im JETZT. Das kannst du dir wie folgt zunutze machen.

Die Natur ist der dich umgebende Raum, welchen Gott geschaffen hat. ER hat dich in diesen Raum hineingestellt. Und ER will SICH dir durch diesen Raum offenbaren.

Denn sein unsichtbares <Wesen>, sowohl seine ewige Kraft als auch seine Göttlichkeit, wird seit Erschaffung der Welt in dem Gemachten wahrgenommen und geschaut, damit sie ohne Entschuldigung seien; (Röm 1,20)

Übung: Mach einen Gebetsspaziergang an einem Ort, an welchem dich so wenig wie möglich Menschenwerk und so viel wie möglich Schöpfung Gottes umgibt. Dabei bist du ganz automatisch im HIER. Nun liegt es an dir, und das ist dein Zutun – das eine Prozent –, im JETZT zu sein. Das erreichst du, indem du das, was dich umgibt, auf dich wirken lässt. Lass deine Sinneswahrnehmungen (Sehen, Hören, Riechen, Fühlen, Schmecken) geschehen. Erlebe die Natur um dich. Bewerte sie nicht, analysiere sie nicht. Erleb die Schöpfung des Schöpfers und begegne dem Werkmeister in SEINEN Werken. Wer sich der Schöpfung nähert, kommt dem Schöpfer nahe.

Folgendes wird auf deinem Gebetsspaziergang passieren: Deine Seele wird auf Wanderschaft gehen wollen. Sie geht in die Vergangenheit, hin zu einem besonders anregenden Erlebnis. Jüngste oder weit zurückliegende Geschehnisse, die einen starken emotionalen Eindruck hinterlassen haben, aber im Getriebe des Alltagsgeschehen nicht wahrgenommen werden, melden sich zu Wort. Oder deine Seele reist in die Zukunft und will schon jetzt die Probleme von morgen lösen. Der Ausblick auf die nahe oder ferne Zukunft und die Perspektive auf das, was es dort zu bewältigen gibt, fordert deine Aufmerksamkeit. Wenn deine Seele in die Vergangenheit oder Zukunft wandert, hole sie sanft in die Gegenwart zurück. Das kannst du am einfachsten erreichen, indem du den Raum um dich bewusst mit deinen Sinneswahrnehmungen erlebst. Oder kneif dich mal spaßeshalber, dann bist du ganz schnell in der Gegenwart. Sei während deines Gebetspaziergangs ganz bei dem, was du tust: Betrachte, höre, rieche, spüre und schmecke die Schöpfung. So bist du Gott, dem Schöpfer, ganz nahe.

Entscheide dich, ganz hier zu sein, im HIER und JETZT, um Gottes Herzen näherzukommen. Die Schöpfung ist Ausdruck von Gottes Herzen.

Ich empfehle dir, diesen Gebetsspaziergang drei Wochen lang jeden Tag zu machen und erst dann weiterzulesen. Drei Wochen sind eine gute Zeit, sich mit so einer Übung zu befassen. Schreib ruhig deine Erfahrungen, die du in diesen drei Wochen machst, auf.

Der Gebetsspaziergang ist eine wunderbare Form der Gottesbegegnung. Und er ist auch eine gute Vorbereitung, denn auf diese Weise wird die Seele zu einer Ruhe geführt und das kommt dem anschließenden **Gebet im Sitzen** zugute.

Das Gebet im Sitzen

Im Folgenden werde ich mit dir über das Gebet im Sitzen sprechen. Bei allem Angedachten befinden wir uns:

Auf dem Weg zum Herzen Gottes …

Der Raum: Sorge für einen störungsarmen, angenehmen Raum um dich. Unordnung und Unerledigtes lenkt ab. Verbanne es aus deinem Blickfeld. Wenn du deine Gebetszeit beginnst, erspüre einmal den Raum um dich. Eine angenehme Temperatur unterstützt die Sammlung und ausreichend Sauerstoff verhindert Schläfrigkeit. Spüre den Raum, der dich umgibt, und lass ihn auf dich wirken.

Das stille Sitzen und die aufrechte Körperhaltung: Das Ziel für den Körper ist es nun, ihn in so eine Haltung zu bringen, dass er dich so wenig wie möglich beschäftigt und dich nicht ablenkt. Aber er darf dabei auch keine Haltung einnehmen, in welcher er einschläft. Es braucht die Spannung zwischen:

- nicht mit dem Körper beschäftigt sein,
- aber auch nicht wegsacken und einschlafen.

Dein Körper darf eine Haltung einnehmen, welche es ihm erlaubt, einfach da sein zu dürfen.

Setz dich aufrecht auf einen Stuhl und streck dich einmal zur Lockerung kurz durch. Sitz aufrecht und lehne dich nicht an. Hilfreich kann es sein, die Schultern einmal nach hinten zu ziehen und sie dann locker nach unten fallen zu lassen. Die Wirbelsäule nimmt dabei automatisch eine gute Position ein. Dein komplettes Gesäß befindet sich auf der Stuhlfläche. Deine Füße stehen auf dem Boden und die ganzen Fußsohlen berühren den Grund unter dir, sodass du mit ihm verbunden bist. Barfuß oder mit Socken kannst du den Boden am besten spüren. Ein warmer, weicher Teppichboden dient der Sammlung. Wie gesagt, es geht darum, den Körper in eine bequeme, aufrechte Position zu bringen, sodass er einfach vor sich hinsitzen kann und dich nicht weiter beschäftigt und ablenkt. Auch der Atem kann in dieser Position gut und frei fließen. Die Wirbelsäule ist aufgerichtet und der Kopf leicht geneigt. Du sitzt lotrecht, Kopf und Becken liegen auf einer Linie. Anfangs ist es vielleicht etwas ungewohnt, sich so hinzusetzen, aber mit der Zeit wirst du merken, wie angenehm es ist, den Körper einfach dieser Sitzposition und dem Stuhl überlassen zu können, ohne sich weiter mit ihm beschäftigen zu müssen. Sei bei diesem Thema SITZEN ganz unverkrampft. Gehe mit kindlicher Entdeckerfreude an das Ausprobieren dieser Haltung heran. Zwinge deinem Körper keine Sitzposition auf, sondern lass ihm Freiheit. Was ich beschreibe, sind Erfahrungswerte, nutze sie, aber gib deinem Körper auch die Gelegenheit, seine Sitzposition zu finden. Lege deine Hände mit den Handflächen entspannt auf deine Oberschenkel. Spüre die Wärme der Berührung. Schließe die Augen deines Körpers, damit sich die Augen deines Herzens öffnen können (Eph 1,18-19). Hilfreich kann ein Startgebet mit der Bitte um Gottes Unterstützung sein: „Gott, ich wende mich dir in mir zu. Bitte, führe du mich hin zu dir." Du lässt los und ER übernimmt jetzt die Regie. Überlass dich Gott so, wie du deinen Körper dem Stuhl überlässt.

Auf das Thema GEBETSHALTUNGEN gehe ich noch weiter in Band II des schon erwähnten Beziehungskurses mit Gott ein. Mehr zu dieser Lektüre im Anhang unter BUCHEMPFEHLUNGEN.

<u>Körperwahrnehmung:</u> Beginne deinen Körper zu spüren. Spüre die Füße, die den Boden berühren. Spüre dein Gesäß, welches auf dem Stuhl sitzt. Spüre deine Hände, die auf den Oberschenkeln liegen. Überlass deinen Körper dieser Haltung. Nimm mit deinem Gehör die dich umgebende Stille wahr. Nimm deinen Atem wahr, wie er fließt. Er strömt in dich hinein und er strömt wieder aus dir heraus. Du musst nicht bewusst atmen, beobachte das, was ganz natürlich geschieht, und nimm es wahr, ohne etwas bewusst zu machen oder gar zu beeinflussen. Überlass dich dem Atem und lass ihn einfach geschehen. Und ge-

nauso überlässt du dich dem göttlichen Atem SEINES Geistes und lässt geschehen, was geschieht.

Nimm dir für diese Wahrnehmung Zeit. Haste nicht, sondern erlebe dich selbst. Vielleicht ist hier auch etwas Ehrfurcht angebracht, denn du betrittst nun mit deiner Wahrnehmung den Tempel deines Leibes (vgl. Joh 2,21; 1 Kor 6,19).

Gebetszeit: Ich empfehle dir, den Morgen zu nutzen. Es ist die unverbrauchteste Zeit des Tages, welche in aller Regel die Sammlung am ehesten gelingen lässt. Wenn du dir den Morgen als Gebetszeit nicht einrichten kannst, sollte es zumindest immer dieselbe Tageszeit sein.

Gebetsdauer: Es braucht Zeit, sich zu sammeln, und diese Zeit solltest du dir geben. Man setzt sich nicht hin und sammelt nun los. Beginne doch einfach mal mit 15 Minuten. Stelle dir einen Wecker oder einen Timer, damit du nicht auf die Zeit achten und immer auf die Uhr schauen musst, sondern ganz bei dir und bei Gott sein kannst. Weite die Zeit nach und nach bis zu 30 Minuten aus und wenn du magst auch länger.

Hindernisse: Was in deiner Gebetszeit geschehen wird, ist, dass du mit deinen Gedanken immer wieder von der Körperwahrnehmung abkommst. Du wirst an Vergangenes oder Zukünftiges denken. Wenn das passiert, passiert etwas ganz Normales. Du kennst das schon von deinem Gebetsspaziergang in der Natur. Du landest immer wieder in deiner Zerstreuung. Wenn das passiert, sei ganz entspannt, hol deine Gedanken sanft zurück und sammle dich wieder ein. Erneuere einfach deine Absicht immer wieder, um das zu tun, wozu du dich entschieden hat: Ganz hier zu sein, im HIER und JETZT auf dem Weg zum Herzen Gottes.

Hier sind zwei konkrete Hilfsmittel, wie du Hindernissen begegnen kannst.

Erstens: Habe immer einen Zettel und einen Stift parat. Wenn Gedanken kommen, schreibe sie auf. Dann sind sie raus aus deinem Kopf und für später gesichert. Du kannst wieder ganz bei dir und bei Gott sein. So kann dich eine wichtige Aufgabe, die dir durch den Kopf schießt, nicht von deiner Sammlung abhalten, weil du sie dir krampfhaft merken willst. Du kannst dich später, wenn es dran ist, darum kümmern. Und: Manchmal geschieht es auch in so einer Gebetszeit, dass Gott so deutlich spricht, dass man es sich schnell aufschreiben möchte. Dann schreib es auf.

Zweitens: Wenn die Gedanken immer wieder auf Wanderschaft gehen und es dir schwerfällt, sie einzusammeln, dann richte deine Aufmerksamkeit eine Zeit auf deine Atmung. Das hilft dir, mehr bei dir zu sein. Spüre, wie der Atem in dich hinein- und wieder hinausfließt. Gott hat dir den Atem gegeben (1 Mo 2,7; Joh 20,22). Wenn du deinen Atem spürst, bist du ganz nah bei Gott.

Noch eins: Manchmal kommen Gedanken und Gefühle so mächtig über dich, dass du nur eins tun kannst: Sitze da, lass es geschehen und kämpfe nicht dagegen an. Lass los und lass geschehen, was geschieht. Du musst keine Gebetszeit auf die RICHTIGE Weise praktizieren, sondern du wünschst dir, Gott zu begegnen. Und wahrscheinlich begegnet ER dir genau in dem, was gerade in solchen Momenten passiert. Vielleicht kommt in so einer Stille

auch etwas hoch, was in einem weiterführenden Seelsor-
gegespräch bearbeitet werden will. Frage Gott in so einem
Fall, was dran ist zu tun.

Sich-Überlassen: Überlasse dich dem Augenblick, überlass dich Gott. Überlass dich dem Leben mit allem, was es
dir bietet, mit allem Schönem, aber auch und gerade mit
all seinen Unannehmlichkeiten. Das betrifft auch deinen
Körper. Bleibe in der Sitzposition, die du eingenommen
hast. Ein Stellungswechsel wird dich aus der Sammlung
holen. Auch wenn der Körper um einen Stellungswesel
bittet, komme seiner Bitte nicht nach, denn er hat nun
Pause. Halte still und halte aus. Wenn z.B. ein Jucken auf-
taucht, halte es aus.

Übung: Bevor du weiterliest, nimm dir mal 5 Minuten
Zeit zum Wahrnehmen. Stell deinen Timer, nimm die oben
beschriebene Körperhaltung ein und nimm wahr, was ist.
Widme dich der Körperwahrnehmung so wie oben be-
schrieben. Schreib deine Erfahrungen auf, das kann eine
Hilfe sein, auf diesem Weg gut voranzukommen.

Der zweite Schritt: Die Seele

Wie ich schon erwähnte, ist Sammlung keine Konzentration. Konzentration ist die Fokussierung auf einen
Punkt, wobei man alles andere um sich herum ausschließt.
Konzentriert bin ich bei einem Mathetest oder einem
Wettkampf. Ich konzentriere mich auf das, was ich tue,
und blende alle unwesentlichen und ablenkenden Fakto-
ren um mich herum aus. Die Sammlung aber schließt alles
ein, was ist, sie schließt nichts aus. Dazu muss der Raum

um einen herum so gestaltet sein, dass er störungsfrei oder zumindest störungsarm ist.

Du darfst die Sammlung suchen, die Sammlung von der Zerstreuung und dich von außen nach innen kehren, um dich GOTT IN DIR zuzuwenden. Die Sammlung beginnt mit der Umgebung, geht weiter über den Körper, vollzieht sich über die Seele und gelangt so zum Geist bzw. eröffnet sich so der Zugang zum Geist und damit zu Gottes Geist im menschlichen Geist.

Nimm einfach wahr, was ist. Schließe die Augen, spüre den Raum um dich und spüre deinen Körper wie oben beschrieben. Nachdem du den Raum um dich und deinen Körper wahrgenommen hast, spüre in dich hinein, wie es dir geht. Nimm deine momentane Befindlichkeit wahr. Alles ist in Ordnung, wie es ist, du brauchst nichts bewerten, sondern einfach nur wahrnehmen und da sein.

Mehr und mehr öffnest du dich dem Wirken Gottes, lässt los und überlässt dich IHM. Du kannst aktiv Wünsche und Bitten haben. Nimm sie wahr, aber überlasse sie dann der göttlichen Wirkung und nimm eine passive Haltung ein. Vielleicht nimmt Gott Einfluss auf deine Seele und verstärkt oder verändert deinen Willen. Oder ER tröstet dich, spricht dir Ermutigung zu oder löst ein Gefühl der Freude in dir aus. Oder ER macht dir eine geistliche Wahrheit bewusst und führt sie dir vor Augen. Vielleicht legt ER auch den Finger auf einen wunden Punkt. Was immer auch mit dir geschieht, lass es mit dir geschehen. Vertraue dich GOTT IN DIR an. Und wenn scheinbar nichts Wahrnehmbares zu geschehen scheint, dann lass es so geschehen, ohne es als sinnlos oder ergebnislos zu bewerten. Vertraue GOTT IN DIR und überlass dich ganz IHM.

Übung: Nach der Körperwahrnehmung widmest du dich an dieser Stelle nun der Gefühlswahrnehmung. Spüre in dich hinein, wie es dir geht. Wichtig: Alles darf sein, wie es ist. Nichts ist richtig, nichts ist falsch, alles ist, wie es ist. Alle Gefühle sind da, wie sie da sind. Versuche nicht, sie zu verändern, sondern nimm sie wahr. Sie sind ein Teil von dir. Lass sie geschehen und schenke ihnen jetzt für einige Augenblicke Aufmerksamkeit. Dieses bewusste Wahrnehmen der Stimmungslage führt dazu, die Seele zur Ruhe zu bringen. Manchmal kann es auch eine Hilfe sein, seiner Seele gut zuzureden (vgl. Ps 42,6.12; 43,5). Schenke deiner Seele Aufmerksamkeit. Dann wendest du dich deinem Geist zu.

Bevor du weiterliest, nimmt wieder deinen Timer zur Hand und nimm dir 5 Minuten Zeit, um nachzuspüren, wie es dir geht. Bleib dabei nicht an der Oberfläche, sondern lass dir die Zeit, um nachzuspüren.

Es kann auch eine Hilfe sein, sich einmal aufzuschreiben, wie es einem geht. So sieht man schwarz auf weiß vor sich, wie es so in einem aussieht.

Der dritte Schritt: Der Geist

Gott wohnt durch den Heiligen Geist im Geist des Menschen. Unser Ziel ist, sich dieser Verortung Gottes in uns zuzuwenden. Du gehst den Weg ins Innere, um dich GOTT IN DIR zuzuwenden. Lass dich auf die Wahrheit der Gegenwart Gottes in dir ein.

<u>Die Wahrheit der Gegenwart Gottes bejahen:</u> Bejahe die Gegenwart Gottes in dir. Mach sie dir bewusst. Nimm dir Zeit dafür. Es kann helfen, es auszusprechen: „Ja, DU bist hier in mir. Danke für DEINE Gegenwart in mir." Sprache schafft Wirklichkeit und bringt die Wahrheit der Gegenwart Gottes mit deiner Lebensrealität zusammen. Lies zu Beginn der Gebetszeit Bibelstellen, welche die Wahrheit der Gegenwart Gottes in dir in Worte fassen wie zum Beispiel Joh 15,1-8; 17,26; Gal 2,20 und Kol 1,27. Aber lies diese Bibelstellen noch VOR der Körperwahrnehmung. Denn dann gilt es die Sammlung zu suchen und sich GOTT IN DIR zuzuwenden.

<u>Sich Gott öffnen:</u> Entscheide dich dafür, dich Gott zu öffnen. Wie schwierig das ist, wirst du erst merken, wenn du es konkret versuchst. Es kommen alle möglichen Misstrauensstimmen in einem zur Sprache. Es bleibt hier nichts anderes übrig, als auf diesem Misstrauensohr taub zu werden, die Stimmen des Misstrauens zu überhören und das Vertrauensohr einzuschalen. Gib Gott einen Vertrauensvorschuss. Sprich die Entscheidung aus, Gott vertrauen zu wollen und bitte IHN um Unterstützung: „Gott*, ich öffne mich dir, bitte öffne DU mich für DICH." Sprache schafft Wirklichkeit, sie hat eine schöpferische Kraft. Du kannst Gott gegenüber auch deine Zweifel zur Sprache bringen und sie IHM hinhalten. So öffnest du IHM dein Herz.

*Wir sagten ja, dass Gott ganzheitlich und als Einheit mit allen drei Personen der EINEN Gottheit in uns ist, also Vater, Sohn, Heiliger Geist. Wende dich der Person Gottes in dir, zu welche dich am persönlichsten anspricht und dich am meisten berührt und dir am nahbarsten erscheint.

Überlass dich der Gegenwart Gottes: Du sitzt auf deinem Stuhl. Nimm deinen Atem wahr. Nimm wahr, wie es dir geht. Genauso wie es dir geht ist es in Ordnung und genauso begegnest du GOTT IN DIR. Du bist dir der Gegenwart Gottes in dir bewusst. Sei einfach da, ohne etwas zu tun. Du musst kein Problem lösen, du darfst einfach da sein so wie GOTT IN DIR da ist. Überlass dich diesem Augenblick.

Irgendwann klingelt dein Wecker oder dein Timer meldet sich.

Das Ende der Gebetszeit: Wenn du magst, bete doch zum Abschluss noch das Vaterunser oder singe ein Lied, welches dir viel bedeutet und dich sehr berührt. Es ist hilfreich, eine Gebetszeit, welche in der Stille vollzogen wird, mit einer bewussten Handlung zu beenden. Seele und Körper werden so aus ihrem Ruhemodus aufgeweckt und reaktiviert. Auch sich zu verbeugen ist an dieser Stelle etwas Wunderbares. Verbeuge dich vor Gott und bring ihm Respekt und Ehre entgegen. Verbeuge dich vor dem Leben und nimm an, was es dir bietet und zumutet. Bringe diese innere Haltung mit deinem Körper zum Ausdruck und bringe deinen Körper so wieder in Aktion. Auch sich zu strecken kann hilfreich sein.

Der Weg zum Herzen Gottes beginnt in dem Raum, der dich umgibt, geht beim Körper weiter, verläuft über die Seele hin zum menschlichen Geist und weiter hin zum Geist Gottes im menschlichen Geist. Es ist ein Weg von außen nach innen, es ist ein Weg der Sammlung. Gehe jeden Tag diesen Weg. Wichtig bei diesem Weg ist deine innere Haltung:

Sei gesammelt, aber nicht konzentriert.

Sei erwartungsfrei, aber vertrauensvoll.

Grenze nichts, was in der Gebetszeit geschieht, aus. Alles darf sein, wie es ist. Vertraue Gott, dass ER die Regie übernimmt. Enge das, was in der Gebetszeit geschieht, nicht durch deine Vorstellung ein, wie es zu sein hat. Lass geschehen, was geschieht. Du kannst Gott nicht berechnen und du kannst über IHN nicht verfügen. Du kannst dich IHM nur vertrauensvoll öffnen und dich IHM überlassen.

Die einzige Übung – und die auch nur mit Gottes Hilfe – die du machen kannst und sollst, liegt in der Bemühung, dich ins Innere zu wenden und dich darin zu sammeln. Danach ist nichts mehr zu tun, als dich Gott zu überlassen und IHM zugewandt zu bleiben. Und das über die Gebetszeit hinaus. Aus diesem inneren Halt wird eine Haltung erwachsen. Gehe in deinen Alltag mit GOTT IN DIR. Die Haltung, welche du in der Gebetszeit einübst, wird sich in deinem Alltag fortsetzen und Gott bekommt so Raum, um in dir und durch dich in diese Welt hineinzuwirken.

Vielleicht ist dir das alles zu einfach und zu simpel? Nun, Gott verlangt nichts außerordentlich Großes, und keine schwierigen Übungen. Im Gegenteil, ER hat väterliche Freude an einem ganz einfachen, kindlichen Vorgehen. Vielleicht verpassen wir eine ganze Menge Segen, weil wir es uns zu schwierig machen?

Übung: Ich mach dir Mut, dich einmal drei Wochen dieser Gebetsform zu widmen. Schreib deine Erfahrungen auf und sprich mit Gott darüber.

Praxistipps

Auf dem Weg zum Herzen Gottes ... Praxis ist auf diesem Weg angesagt.

Hier sind ein paar nützliche Praxistipps, die ich zum Teil schon angesprochen habe. An dieser Stelle möchte ich sie gern noch einmal zusammenfassen und weitere hinzufügen. Mehr zur Praxis und zur Gestaltung von Gebetszeiten findest du in Band II meines zweibändigen Beziehungskurses mit Gott. Ich stelle dir diesen Kurs und noch andere weiterführende Lektüre im Anhang unter BUCHEMPFEHLUNGEN vor.

Hier nun die Praxistipps:

<u>Die innere Haltung:</u> Nimm die innere Haltung ein: Gott ist da. Vielleicht zweifelst du an seiner Gegenwart, an SEINER Präsenz in dir. Doch die Wahrheit ist: Gott ist in deinen Emotionen und auch in deinem Zweifel präsent. Die Wirklichkeit Gottes geht tiefer als alles, was du denken und fühlen kannst.

Die innere Haltung ist mit Sicherheit einer der wesentlichsten Punkte auf dem Weg zum Herzen Gottes. Wir können nur das tun, was dran ist, was uns Gott und das Leben vor die Füße legt, um es dann wieder loszulassen. Letztendlich können wir nur immer wieder diese Haltung einnehmen und dahin zurückkehren, dass wir uns mit allem, was wir sind und tun, Gott und SEINEM Wirken überlassen.

<u>Raumgestaltung:</u> Bequemlichkeit siegt! Das ist allzu wahr und diese Erkenntnis muss man sich zu Nutze machen. Darum musst du dir deine Gebetsecke so einrichten, dass sie immer bequem zugänglich ist. Du räumst nicht auf, um dann beten zu können. Das machst du vielleicht anfangs eine Zeit lang, aber dann siegt die Bequemlichkeit. Es muss alles effizient eingerichtet und vorbereitet sein. Am besten ist es eine fertig eingerichtete Gebetsecke zu haben, also einen festen Platz, der allein dem Zweck dient, dort seine bewusste Gottesbegegnung zu leben und pflegen. Wir sind von solchen Orten nicht abhängig, aber sie dienen uns und fördern das Pflegen der Gottesbeziehung.

Richte dir deine Gebetsecke so ein, sodass sie dir gefällt, dass du es dort schön findest und dich dort wohlfühlst. Denn das, wonach du dich dort ausstreckst, ist etwas Wunderschönes: Herzensbegegnung mit Gott! Das darf in einem angenehmen und schönen Rahmen stattfinden und zelebriert werden. Ich denke hier z.B. an Kerzen, Bilder u.Ä. Wichtig ist, dass dich nichts vom Eigentlichen, davon, den Weg ins Innere zu gehen, um dort GOTT IN DIR zu begegnen, ablenkt.

<u>Vorbereitung:</u> Das Gebet beginnt am Abend davor. D.h. wenn du deine Gebetszeit, wie ich es dir empfehlen würde, morgens machst, musst du deine Vorbereitungen am Vorabend treffen. Räume alles, wie zum Beispiel das Schreibzeug, was du am nächsten Morgen benötigst, schon am Vorabend hin. Hierbei handelt es sich um <u>äußere Vorbereitungen</u>.

Zur <u>inneren Vorbereitung</u> gehört es, am Vorabend rechtzeitig ins Bett gehen, um am Morgen ausgeschlafen zu sein. Auch die Abendgestaltung ist so zu wählen, dass sie die Sammlung am nächsten Morgen fördert.

Wer bereit ist, viel Zeit in seine Stille-Zeit zu investieren, kann jeden Morgen mit einem Gebetsspaziergang beginnen, bevor er sich dem Gebet im Sitzen widmet. Das dient auf jedem Fall der Sammlung und fördert den Weg in die Stille.

Schreibsachen: Ich habe das oben schon erwähnt, will es aber noch einmal betonen. Hab dein Schreibzeug griffbereit, um dir Gedanken aufzuschreiben. Nutze dazu Zettel und Stift und nicht dein Smartphone, denn das kann wieder zu Ablenkungen führen. Reden Gottes, welches dir in den Sinn kommt, kannst du so aufschreiben. Erinnerungen an wichtige Aufgaben, die dir kommen und dich beschäftigen und dich ablenken, kannst du kurz notieren, dann ist es aufgeräumt auf dem Papier und du kannst es später ganz entspannt ansehen. Nun kannst du dich wieder Gottes Gegenwart in dir zuwenden.

Tagebuch: Empfehlenswert ist es, ein geistliches Tagebuch zu führen. Halte deine Gedanken und deine Erfahrungen fest. Formuliere dein Tagebuch, indem du Gott darin ansprichst und IHM deine Gedanken und Erlebnisse mitteilst. Beispiel: „Jesus, der Gebetsspaziergang heute war sehr herausfordernd für mich. Es fiel mir schwer, mich darauf einzulassen. ..." Sprich Gott in diesem Tagebuch auf die für dich persönlichste und vertrauteste Weise an. Bei mir ist es JESUS, bei dir mag es VATER, PAPA, HEILIGER GEIST oder noch was anderes sein.

<u>Abwechslung:</u> Abwechslung kann für den ein oder anderen ein Thema sein. Wer Abwechslung braucht, kann diese Art der Stillen-Zeit, wie wir sie hier behandeln, an fünf Tagen in der Woche machen, vielleicht Montag bis Freitag. Die Gebetszeit kann in die Routine der Woche eingebaut werden. Am Wochenende pflegst du dann eine andere Art der Stillen-Zeit wie zum Beispiel einen ausführlicheren Gebetsspaziergang.

<u>Übung:</u> Übung macht den Meister! Ja, das stimmt auf der einen Seite aber auch nur bis zu einem gewissen Grad. Im Ganzen sieht es so aus, dass es der Schweiß des Menschen ist und noch viel mehr die Gnade Gottes, die uns voranbringen. Was du beitragen kannst, um auf diesem Weg voranzukommen, wäre das Folgende: Übe die drei Schritte, die ich unter DIE GESTALTUNG DER GEBETS-ZEIT beschrieben habe, zu gehen. Widme dich eine Woche lang nur Schritt eins (Der Körper). In der zweiten Woche beginnst du mit Schritt eins, gehst aber weiter und machst Schritt zwei (Die Seele). Und dann gehst du ab der dritten Woche bis zu Schritt drei (Der Geist). Lass dir Zeit und übe Schritt für Schritt.

<u>Gebet:</u> Bete für deine Gebetszeit. Erfüllte geistliche Gebetszeiten muss der Geist Gottes in dir (ER)wirken. Bete um das Gelingen deiner Gebetszeit. Bete und dann lass deine Erwartungen los, wie diese Zeit zu sein hat. Überlass dich dem, was Gott in dieser Zeit – vielleicht anfangs eher unmerklich – tut.

<u>Alles darf sein, wie es ist:</u> Man merkt erst einmal, wie viele Stimmen in einem sind, wie sie rufen und wie sie

schreien, wenn man still wird. Die meisten dieser Stimme schreien auf ihre Weise danach, geliebt zu werden. Du darfst diese Stimme wahrnehmen. Du kannst sie nicht zum Schweigen bringen. Vielleicht braucht es anfangs bei dir Zeit, in welcher du nicht zu einer inneren Ruhe kommst, sondern in welcher es dran ist, diese Stimmen in dir, die endlich in einem Rahmen der Stille Gehör finden, wahrzunehmen. Lass das zu und unterdrücke hier nichts. Frage GOTT: „Was willst DU mir hierdurch sagen?" Suche ggfls. auch ein seelsorgerliches Gespräch.

Bei all den Tipps geht es darum, Verantwortung für die Gestaltung seiner Gebetszeit zu übernehmen. Du erinnerst dich, das EINE PROZENT. Schaffe einen günstigen Rahmen, der Stille ermöglicht und beuge Ablenkungen vor. Sei ganz da im HIER und JETZT. Alles Weitere kannst du loslassen, denn das liegt in Gottes Verantwortung. ER verantwortet die 99 %.

Der vermutlich wichtigste Praxistipp ist: Fang mit der Praxis an und begib dich auf diesen Weg:

Auf den Weg zum Herzen Gottes …

Gottes Herzensanliegen in die Welt bringen

Auf dem Weg zum Herzen Gottes ... Der Weg ins Innere wird zum Weg nach außen.

Sich auf den Weg ins Innere zu begeben ist übrigens keine Nabelschau, keine Weltflucht und keine letztendliche Passivität.

Gott will diese Welt, so verloren sie uns auch erscheinen mag, gestalten. Auch durch dich.

Ich möchte dich an dieser Stelle an das Kapitel WAS MACHT GOTT IN UNS? erinnern. Dort sprachen wir darüber, dass Gottes Geist in dir dich bewegen will.

Denn so viele durch den Geist Gottes geleitet werden, die sind Söhne Gottes. (Röm 8,14)

Gott will durch SEINEN Heiligen Geist in dir Einfluss auf deine Seele – dein Denken, Fühlen und Wollen – nehmen. Wenn du es IHM erlaubst. Dein Körper wird davon nicht unbeeinflusst bleiben. Vorausgesetzt, ich lasse dies geschehen und gebe Gott Freiraum in mir zu wirken.

Lass dich durch den Tag führen in Gedanken, Worten und Taten. Rechne mit Impulsen von Gott und übe, ihnen zu folgen. Je mehr du dich darauf einlässt, desto mehr wird Gott dir Impulse geben. Schreib deine Erlebnisse und Erkenntnisse in dein geistliches Tagebuch.

Ich kann dir nicht sagen, was genau passieren wird, aber ich kann dir das eine sagen: Wenn du dich Gott so zur Verfügung stellst und mit dieser Hingabe, Bereitschaft und Offenheit in deinen Tag gehst, wird Gott diese Welt durch dich verändern, an dem Ort, wo du bist.

Probiere es doch mal aus. Nimm dir dies bewusst als ein Wochenprojekt vor. Übergib dich Gott morgens im Gebet und übe den ganzen Tag über, in der bewussten Verbindung mit Gott zu bleiben. Sprich mit Jesus am Abend darüber, wie du den Tag erlebt hast, und halte dein Erleben in einem gemeinsamen geistlichen Tagebuch von dir und Gott fest.

Wenn du das tust, bleibt mir nur noch eins zu sagen: Viel Spaß und eine gute Zeit wünsche ich euch, also dir mit GOTT IN DIR und GOTT IN DIR mit dir!

Doch bevor ich zum Ende komme, möchte ich noch zwei abschließende Punkte mit dir betrachten.

Das eine tun und das andere nicht lassen

Auf dem Weg zum Herzen Gottes … Warum ENTWEDER ODER wenn SOWOHL ALS AUCH geht?

Ich habe mich an manchen Stellen zum Bibellesen, Bibelstudium, Dank- und Bittgebeten wie auch zur gängigen Anbetungs- und Lobpreispraxis geäußert. Damit an dieser Stelle keine Missverständnisse entstehen, möchte ich noch ein paar Zeilen dazu schreiben. All das gehört zu unserer christlichen Kultur dazu. All diese Dinge sind Ausdruck unserer Gottesbeziehung.

Ich schätze Bibellesen und pflege es täglich und lese dieses wertvolle Buch einmal im Jahr durch. Ich genieße Lobpreis und Anbetungszeiten und das Verweilen in Gottes Gegenwart. Ich war selbst jahrelang als Lobpreisleiter tätig. Wir kommen vor Gott, um IHN zu ehren und um über SEINE Größe, Macht und Majestät zu staunen. Ehre sei Gott, dem Ehre gebührt! Wir wollen SEINE Liebe zu uns erwidern.

In das Ganze, was unsere christliche Kultur ausmacht und was Ausdruck unseres Glaubens und unserer Gottesbeziehung ist, fügen sich die Gedanken dieses Buches ein. In allem aktiven und nach außen gerichteten Tun braucht es auch die nach innen gerichtete Ruhe und Zuwendung zu GOTT IN DIR.

Und da der Weg ins Innere zu einem Weg nach außen führt, wird die Zuwendung zu GOTT IN MIR zur Quelle und zur Inspiration für alles Tun.

Sich lieben lassen

Auf dem Weg zum Herzen Gottes ... Das größte ist die Liebe (1 Kor 13,13).

Gott ist Liebe, und wer in der Liebe bleibt, bleibt in Gott und Gott bleibt in ihm. (1 Jo 4,16[b])

Gott ist Liebe und aus SEINER Liebe heraus erschuf ER die Welt. Die Menschheit entschied sich für ein Leben ohne Gott und ging damit verloren. Die Menschheit verlor die Beziehung zu Gott; sie verlor Gott selbst. Aus SEINER Liebe heraus bietet Gott der Welt Rettung und ein Leben in Beziehung mit IHM an. Gott lädt dich ein und du kannst dieser Einladung, diesem Ruf folgen. Du kannst dich für ein Leben mit Gott entscheiden. Ohne diese Entscheidung bleibst du in dem Zustand, in dem du bist, getrennt von Gott. Also, du kannst dich für ein Leben mit Gott entscheiden. Das ist die erste und wichtigste Entscheidung. Eine zweite wichtige Entscheidung lautet: Du kannst dich für ein Leben mit GOTT IN DIR entscheiden.

Seitdem die Menschheit Gott verlor, ist das Bemühen jedes einzelnen Menschen, die Beziehung zu Gott mit menschlichen Mitteln wiederherzustellen. Der Mensch will sich selbst retten und macht sich damit selbst zu Gott. Selbst wer alles Göttliche leugnet, schafft damit eine göttliche Instanz, denn er erhebt sich selbst zum letzten Maß aller Dinge, welches bestimmt, was sein darf und was nicht sein darf. So oder so, jeder sucht Rettung aus dem Zustand, in dem er hineingeboren wird: Ein Leben getrennt von Gott. Und es bedarf Rettung von göttlicher Seite her, damit sich dieser Zustand ändert. Ursprung und Ursache aller Religion liegt darin, dass der Mensch versucht ist, sich selbst zu retten.

Aber Rettung geschieht nur dadurch, dass ich Gottes Liebe empfange, sie annehme und sie auf mich wirken lasse. Hier hört alle Religiosität und alles menschliche Tun auf. Hier findet sich das, wozu dieses vorliegende Buch einladen möchte: Herzensbegegnung mit Gott. Diese Herzensbegegnung findest du nur im Nichtstun, im Sein in SEINER Gegenwart. Alles andere ist mehr SCHEIN als SEIN, egal mit was für tollen Worten es einem verkauft wird oder wie viel Spaß es macht.

Die höchste Form der Gottesbegegnung ist es, sich von Gott lieben zu lassen. Sich von Gott lieben zu lassen ist die höchste Form des Gebets und der tiefste Ausdruck an Gottesbeziehung. Alles Weitere erwächst aus dieser Kernwahrheit.

Und wir haben erkannt und geglaubt die Liebe, die Gott zu uns hat. Gott ist Liebe, und wer in der Liebe bleibt, bleibt in Gott und Gott bleibt in ihm. (1 Jo 4,16)

Aktivismus – egal in welcher Form – bringt Quantität hervor. Qualität entsteht in der Gebetzeit, in welcher ich mich Gottes liebender Gegenwart aussetze, auch ohne irgendetwas Besonderes zu spüre oder zu erleben. Das ist es, was Jesus meint, wenn ER sagt:

{Ich} bin der Weinstock, {ihr} seid die Reben. Wer in mir bleibt und ich in ihm, der bringt viel Frucht, denn getrennt von mir könnt ihr nichts tun. (Joh 15,5)

Die Gebetszeit wird so zur Quelle der göttlichen Inspiration. Berührt von Gottes Liebe werden Aktivitäten geboren. Die Aktion erwächst aus der Begegnung mit Gott.

Jesus lädt ein:

Wie der Vater mich geliebt hat, habe auch ich euch geliebt. Bleibt in meiner Liebe! (Joh 15,9)

Du darfst dich geliebt wissen. Du wirst von Jesus geliebt, wie der Vater Jesus liebt. Du darfst in SEINER Liebe bleiben. Und aus dieser Liebe zu dir entspringt dann deine Liebe, die Liebe zu Gott, zu dir selbst und zu deinem Nächsten.

Wir lieben, weil er uns zuerst geliebt hat. (1 Jo 4,19)

Wenn du es pflegst, in SEINER Liebe zu bleiben und dich lieben zu lassen, wird das Auswirkungen haben. Du wirst dich bei alledem vielleicht nicht anders fühlen. Aber du wirst dich nach und nach anders verhalten, weil Gottes Gegenwart dich prägt. Weil du IHM IN DIR erlaubst, dich zu prägen.

Jesus sagte 33 n. Chr. zu SEINEN Jüngern: *Bleibt in meiner Liebe!* Und voll Feuer des Heiligen Geistes begann die Jesusbewegung (Apg 2ff).

Was passiert, wenn du nicht in der Liebe von Jesus bleibst, wenn du diese Liebe verlässt oder sie verlassen hast?

Nun, dann sagt Jesus das, was ER ca. 95 n. Chr., also etwa 60 Jahre später, der Gemeinde in Ephesus sagte, einer Gemeinde, bei der das Feuer des Anfangs scheinbar nachgelassen hatte:

Aber ich habe gegen dich, dass du deine erste Liebe verlassen hast. (Offb 2,4)

Aber das ist alles kein Problem. Denk dran: JEDER kommt an diesen Punkt, auch wenn sich das keiner wünscht und es nur die wenigsten sich selbst eingestehen oder gar vor anderen zugeben! Dieser Punkt ist aber kein Endpunkt, sondern eher ein Knotenpunkt im geistlichen Verkehr der Gezeiten. Die Weichen werden gestellt und es wird weitergehen. Aber auf welchem Weg?

Sollte das, was Jesus der Gemeinde in Ephesus sagte, dein Zustand sein, darfst du deine Richtung, deinen Weg ändern. Das ist das, was die Bibel mit Buße meint. Und zum Glück hat Jesus der Gemeinde in Ephesus noch mehr zu sagen.

Denke nun daran, wovon du gefallen bist, und tue Buße und tue die ersten Werke! Wenn aber nicht, so komme ich dir und werde deinen Leuchter von seiner Stelle wegrücken, wenn du nicht Buße tust. (Offb 2,5)

Wozu sagt Jesus diese pointierten, drastischen und treffenden Worte? Will ER, dass die Epheser sich schlecht fühlen und sich selbst kasteien? Sollen die Epheser sich nun rechtfertigen, was ihr Zustand so mit ihren Lebensumständen zu tun hat? 95 n. Chr. war keine einfache Zeit. Oder sollen sie sich theologisch mit der Heilsgewissheit befassen und sich trösten, dass sie ja wenigstens gerettet sind? Wozu sagt Jesus die Worte? Nun, ER konfrontiert mit einem Punkt, an dem es in der Beziehung zu IHM nicht so gut läuft. Jesus deckt auf und nun kann man Verantwortung übernehmen und eine Entscheidung treffen.

Jesus lädt zu der Entscheidung ein, seinen Weg zu ändern. Wer seinen Weg beibehält und nicht in die Beziehung zu Gott investiert, bei dem gehen letztendlich alle Lichter aus. Der Leuchter erlischt. Das hat nichts mit deiner zukünftigen Errettung zu tun. Aber in diesem gegenwärtigen Leben erleidest du einen Verlust an Qualität, was deine Gottesbeziehung betrifft.

Die ERSTE Liebe ist die Liebe, die Gott zu uns hat.

Sich lieben zu lassen, nichts zu tun, nichts zu machen und einfach zu SEIN in SEINER Gegenwart. DAS ist von der Sache her so einfach und doch für uns das Schwerste. Denn hier stirbt alle unsere ach so sehr geliebte Religiosität, welche fatalerweise oft im subtilsten und demütig anmutenden Gewand einherkommt. Hier weicht aller Schein. Hier stirbt aller Versuch, sich Gottes Liebe doch noch irgendwie zu verdienen. Und doch ist es der Weg zum Herzen Gottes und der Weg zur wahrhaftigen Erfüllung.

Und das Interessante ist: Du wirst merken, dass der Weg zum Herzen Gottes kein Weg WOHIN ist, sondern ein Weg MIT WEM. Denn Gott selbst ist mit dir auf diesem Weg. Und je mehr du auf diesem Weg vorankommst, wirst du merken, dass du schon längst im Herzen Gottes angekommen bist, es nur noch nicht wahrgenommen hast. Doch du musst diesen Weg zum Herzen Gottes gehen, um das zu entdecken.

Ich mach dir Mut: Dein Zustand, in dem du dich befinden magst, ist nicht aussichtslos. Gott ist nicht schockiert über dich. ER will mit dir weitergehen. Wie steht es mit dir?

Ich lade dich ein: Gehe den Weg zum Herzen Gottes. Nutze dazu die Gebetsform, welche du hier kennengelernt hast. Übe es, dich GOTT IN DIR zuzuwenden, um dann im Nichtstun in SEINER Gegenwart zu verweilen, um dich lieben zu lassen. Und Gott wird dich auf besondere Weise prägen. Übe einen Lebensstil ein, eine LEBENSWEISE, in welcher du Gott zugewandt lebst. Und Gott wird dich verändern. Gehe mit Gott in den Alltag, achte auf SEINE Impulse und lass dich führen. Und Gott wird durch dich diese Welt verändern.

Anhang

Gott unter uns

Auf dem Weg zum Herzen Gottes ... Ein Weg zu den Glaubensgeschwistern.

Ich sprach darüber, dass sich Gottesbegegnung auf drei Ebenen vollzieht:

- in der Natur (Gott um uns),
- in der Begegnung mit Glaubensgeschwistern (Gott unter uns),
- in der Begegnung mit Gott im eigenen Herzen (Gott in uns).

GOTT UM UNS erleben wir in der Natur und in einem Gebetsspaziergang in der Schöpfung wenden wir uns dem Schöpfergott zu. GOTT IN UNS erleben wir in der Begegnung mit Gott im eigenen Herzen, wenn wir uns im stillen sitzenden Gebet Gott im menschlichen Geist zuwenden. Hier begegnen wir dem Auferstehungsgott, der gestorben und auferstanden ist, um nun durch die Wiedergeburt im Gläubigen zu leben. Die Beziehungsebenen GOTT UM UNS und GOTT IN UNS haben wir im Laufe dieses Buches behandelt. Nun möchte ich noch einen Blick auf GOTT UNTER UNS werfen.

Interessant ist: Jesus fordert SEINE Jünger an keiner Stelle auf, IHN zu lieben. ER fragt allenfalls, wie es um die

Liebe steht (vgl. Joh 21,15-17). Jesus fordert SEINE Jünger nur auf, in SEINER Liebe zu bleiben.

Wie der Vater mich geliebt hat, habe auch ich euch geliebt.
<u>*Bleibt in meiner Liebe!*</u> (Joh 15,9; Hervorhebung durch den Autor)

Jesus befiehlt seinen Jüngern nicht, ihn zu leben, denn Liebe kann nicht befohlen, geboten oder angeordnet werden. Das macht Religion, sie befiehlt, gebietet und ordnet an. Aber darin besteht nicht das Wesen einer Beziehung, welche auf Freiwilligkeit und Liebe basiert. Jesus ordnet keine Liebe an, ER stellt einfach nur fest, dass die Liebe zu IHM am Gehorsam erkannt wird.

Wenn ihr mich liebt, so werdet ihr meine Gebote halten; (Joh 14,15)

Aber wie gesagt, das ist kein Befehl, sondern einfach eine nüchterne Feststellung geistlicher Tatsachen.

Jesus macht deutlich, dass das Halten der Jesusgebote ein praktischer Weg ist, in SEINER Liebe zu bleiben.

Wenn ihr meine Gebote haltet, so werdet ihr in meiner Liebe bleiben, wie ich die Gebote meines Vaters gehalten habe und in seiner Liebe bleibe. (Joh 15,10)

Hier stellt sich die Frage: Um welches Gebot handelt es sich? Um was geht es Jesus an dieser Stelle? Damit keine Missverständnisse entstehen, gibt der Kontext dreimal eine Antwort.

Ein neues Gebot gebe ich euch, dass ihr einander liebt, damit, wie ich euch geliebt habe, auch {ihr} einander liebt. (Joh 13,34)

Dies ist mein Gebot, dass ihr einander liebt, wie ich euch ge-
liebt habe. (Joh 15,12)

Dies gebiete ich euch, dass ihr einander liebt! (Joh 15,17)

Es geht um die Aufforderung, einander zu lieben, wie
Jesus uns geliebt hat. Heißt das, Liebe wird nun doch ge-
boten und angeordnet? Sind wir nun doch wieder beim
Thema Religion? Nein, sind wir nicht. Jesus gebietet die
Liebe zueinander und ER kann das aus einem ganz einfa-
chen Grund tun: ER selbst will diese Liebe in und durch
uns wirken. ER ist der Garant für die Liebe, die ER gebie-
tet. Wer freiwillig in der Liebe von Jesus bleibt, sich von
Jesus lieben lässt und Jesus in sich Raum gibt, in dem wird
Jesus selbst die Liebe sein (1 Jo 4,8.16).

Jesus selbst wirkt die Liebe in uns, weil ER die Liebe ist.
Und wenn wir einander lieben, wird dadurch die Liebe
von Jesus durch uns für andere erlebbar.

Buchempfehlungen

**Auf dem Weg zum Herzen Gottes ... Informiere dich
und bleib auf diesem Weg.**

Informiere dich und bleib an diesem Thema dran.

Das vorliegende Buch versteht sich nicht als Abschluss
eines Themas. Es ist vielmehr ein Auftakt, ein Aufmachen,
ein Aufbruch. Es ist der Anstoß und nicht das Entschei-
dungstor. Dieses Buch ist im Geiste von Johannes dem
Täufer geschrieben. Es ist ein Hinweis, ein Vorbote, der
auf etwas Größeres hinweist.

Zwei konkrete Buchempfehlungen möchte ich dir an
dieser Stelle geben.

Als erstes die Reihe **Klassiker der christlichen Spiritu-
alität**, erschienen im Neufeld Verlag. Diese Buchreihe gibt
einen reichen Einblick in die christliche Tradition der Spi-
ritualität. Hier schreiben Männer und Frauen aus verschiedenen Epochen und sie alle verbindet eines miteinander, sie alle befanden sich auf dem Weg zum Herzen
Gottes.

Hier die Titel im Einzelnen:

Klassiker der christlichen Spiritualität (Band 1-4)

All meine Gedanken sind bei dir (Band 1)
In Gottes Gegenwart leben

Von der Leichtigkeit Gott zu finden (Band 2)
Das innere Gebet der Madame Guyon

In Gottes Gegenwart (Band 3)
Gedanken zum geistlichen Leben

In jeder Minute bist du da (Band 4)
Spielerisch Gottes Gegenwart entdecken

Als zweites möchte ich dir meinen mehrfach erwähnten zweibändigen BEZIEHUNGSKURS MIT GOTT mit dem Titel „… bis Christus in euch Gestalt gewonnen hat", erschienen bei **Books on Demand,** empfehlen. Ich finde es immer etwas merkwürdig, wenn man Werbung für seine eigenen Sachen macht, denn man ist dort immer etwas befangen und voreingenommen. Logisch. Aber ich bin auch überzeugt von dem, was ich da schreiben durfte, und es gibt meines Erachtens nach zurzeit noch nichts Vergleichbares auf dem christlichen Büchermarkt, was ich empfehlen könnte. Es gibt empfehlenswerte Bibelkurse, Jüngerschaftskurse und Glaubensgrundkurse, aber noch keine Kurse, die sich explizit und fokussiert mit dem Thema GOTTEBEZIEHUNG beschäftigen.

Der zweibändige Kurs „… bis Christus in euch Gestalt gewonnen hat" gestaltet mit seinem zwölfwöchigen Übungsweg einen Rahmen und bietet dir die Möglichkeit, in deine Gottesbeziehung zu investieren, sie einzuüben und so dem Herzen Gottes näherzukommen.

Es ist seltsam: Wir wissen, dass wir zur Beziehung und zur Gemeinschaft mir Gott geschaffen und berufen sind. Und jeder Christ weiß sehr wohl, dass man seine Beziehung zu Gott pflegen SOLLTE. Belasse es nicht bei diesem SOLLTE, sondern fang an konkret zu handeln. Viele investieren in ihre Ehe und machen Ehekurse, weil die Beziehung zum Partner es ihnen wert ist. Andere machen berufliche Weiterbildungen und besuchen vielleicht Leiterschaftsschulungen, weil es ihnen das wert ist, Zeit und Geld in die Entwicklung ihrer Kompetenzen zu investieren. Investiere in deine Beziehung mit Gott, weil Gott es dir wert ist.

Ich habe an mir festgestellt, dass ich immer von MEINER Gebetszeit und von MEINER Gebetsrecke rede. Aber nun merke ich, es geht um UNSERE Gebetszeit und um UNSERE Gebetsecke, also um die Gebetszeit und um die Gebetsecke von Jesus und mir. Beziehung besteht in einem WIR und vollzieht sich in einem UNS. Darum können wir Jesus um eine gelingende Beziehung bitten.

Ich sagte einmal zu Jesus: „Es geht um mein DASEIN in UNSERER Gebetszeit, welcher DU Bedeutung gibst und in welcher ich nur eins tue, loslassen, um mich DIR zu überlassen! Wie viel Opfer bin ich bereit, für UNSERE Gebetszeit zu bringen?"

Wie viel Zeit, Geld und Engagement bis du bereit zu investieren? Wie viel ist dir Gott und die Beziehung zu IHM wert?

[13] Und sucht ihr mich, so werdet ihr <mich> finden, ja, fragt ihr mit eurem ganzen Herzen nach mir, [14ª] so werde ich mich von euch finden lassen, spricht der HERR.

(Jer 29,13-14ª)

Dank und Widmung

Auf dem Weg zum Herzen Gottes ... Auf diesem Weg sammelt man kostbare Perlen.

Mein Dank gilt an dieser Stelle besonders der BRUNNEN Lebensgemeinschaft, welcher ich auch dieses Buch gewidmet habe. Bald ein Jahrzehnt waren meine Frau und ich mit unserer damals wachsenden Familie Teil dieser christlichen Lebensgemeinschaft. Haupt- und Ehrenamt sowie die Gestaltung des Privatlebens teilten wir mit den Menschen der Lebensgemeinschaft. In Beziehung mit den Männern und Frauen durften wir Wachstum, Reifung und Heilung erleben. Und ich durfte eine Menge über ein Zusammenleben mit Gott dazulernen und meinen Horizont erweitern. Eine tiefe Erkenntnis, welche ich aus dieser Zeit mitnehme, lautet:

Raum zur Gottesbegegnung will gestaltet werden.

Mein Dank gilt insbesondere euch: Hans, Doro, John, Martina und Susi. Ihr seid kostbare Perlen auf meinem Weg und ich trage diese Perlen an der Halskette meines Lebens mit Stolz.